Et si la sobriété n'était plus un choix individuel ?

Guillemette Audren de Kerdrel et Albane Fontaine, *Et si la sobriété n'était plus un choix individuel?*, Les Docs de La Fabrique, Paris, Presses des Mines, 2024.

ISBN : 978-2-38542-499-2

60, boulevard Saint-Michel – 75272 Paris Cedex 06 – France
presses@mines-paristech.fr
www.pressesdesmines.com

81, boulevard Saint-Michel – 75005 Paris – France
info@la-fabrique.fr
www.la-fabrique.fr

Photo de couverture : @addillum/istockphoto

Mise en page : Louis Post, Corentin Echivard

Dépôt légal 2024

Achevé d'imprimer en 2024 – Imprimeur Chirat – 42540 Saint-Just-la-Pendue

Cet ouvrage est imprimé avec des encres végétales sur papiers issus de forêts gérées durablement.

Et si la sobriété n'était plus un choix individuel ?

Guillemette Audren de Kerdrel et Albane Fontaine

La Fabrique de l'industrie
laboratoire d'idées

Déjà parus

Dans la collection des Docs de La Fabrique, aux Presses des Mines

E. Nadaud, *Alsace centrale : un territoire de culture industrielle*, 2022.

C. Lucas et P. Marion, *Recherche et innovation : comment rapprocher sphères publique et privée ?*, 2022.

M. Sailly, A. Johansen, P. Tengblad et M.van Klaveren, *Dialogues social et professionnel : comment les articuler ?*, 2022.

A.-S. Dubey et S. Bellit, *Les jeunes élites face au travail, Regards croisés entre Polytechnique et Harvard*, 2023.

P. Larrue, *Répondre aux défis sociétaux : le retour en grâce des politiques « orientées mission » ?*, 2023.

C. Granier, *Le bassin industriel d'Alès, une histoire de reconversions*, 2023.

L. Gaget et M. Nguyen van Mai, *ETI et talents : les clés pour que ça matche*, 2024.

Dans la collection des Notes de La Fabrique, aux Presses des Mines

D. Lolo et A. Diop, *Les grandes entreprises sur la voie de la sobriété*, 2023.

S. Bellit et V. Charlet, *L'innovation de rupture, terrain de jeu exclusif des start-up ?*, 2023.

P. Duarte *et al.*, *Foncier industriel et stratégies publiques locales : une articulation imparfaite*, 2024.

F. Ferchaud *et al.*, *Aménager la ville productive*, 2024.

Avant-propos

Face au dérèglement climatique et à ses nombreuses conséquences économiques et sociales, le terme déjà ancien de *développement durable* semble désormais incomplet. Il laisse place à *la sobriété,* qui n'est plus, l'objet d'un combat militant uniquement porté par des associations environnementales mais bien un objectif très sérieusement recherché par les organisations scientifiques et les décideurs politiques. Aux côtés de l'innovation technique, parfois radicale, sur laquelle se fondent beaucoup d'espoirs, la sobriété est en effet reconnue comme un pilier, complémentaire et indispensable, des efforts à accomplir pour limiter le réchauffement climatique sans épuiser les ressources planétaires.

Toutefois, réduire la sobriété à des changements de comportement individuel, comme c'est encore souvent le cas, ne peut pas suffire. Pour qu'elle atteigne une efficacité suffisante, elle doit faire l'objet de politiques publiques. Seul un tel cadre, collectif et légitime, peut réussir à tempérer notre appétit de (sur)consommation sans que cela ne représente une contrainte et un renoncement qui paraîtraient insupportables.

C'est ce qu'illustrent les autrices de cet ouvrage en s'appuyant sur des propositions de mesures de sobriété pour certaines déjà expérimentées – que sont la tarification progressive de l'eau, l'extension aux véhicules électriques du malus poids des voitures et la réduction de la consommation de vêtements neufs importés. Si ces mesures ne reçoivent pas toujours le soutien de l'ensemble des parties prenantes, et notamment des représentants des industries concernées, elles permettent en revanche de poser un cadre théorique dans lequel doivent s'inscrire les politiques publiques de sobriété pour avoir une chance d'être efficientes.

Plus précisément, les autrices montrent que ces politiques doivent se construire sur trois piliers complémentaires : la durabilité, la faisabilité et l'acceptabilité. La pérennité et la réussite des politiques publiques reposent ainsi sur la capacité de l'État à développer une vision de long terme, à penser l'utilisation des différentes ressources de manière cohérente et totale, et à l'articuler au sentiment de justice sociale. C'est ce dernier impératif qui peut rendre la sobriété désirable, ce qui sera déterminant.

Nous espérons que cet ouvrage saura offrir des pistes de réflexion aux pouvoirs publics et aux entreprises sur les moyens de nouer avec des pratiques durables de sobriété.

La collection des « Docs de La Fabrique » rassemble des textes qui n'ont pas été élaborés à la demande ni sous le contrôle de son conseil d'orientation, et qui de ce fait n'engagent pas la parole de son conseil d'administration, mais qui apportent des éléments de réflexion stimulants pour le débat et la prospective sur les enjeux de l'industrie.

L'équipe de La Fabrique de l'industrie

Résumé

Depuis quelques années le mot *sobriété* prend de l'ampleur dans l'espace médiatique, politique et scientifique, et son sens s'élargit. Synonyme de tempérance dans l'Antiquité, désigné même comme une vertu cardinale, il avait peu à peu perdu ses couleurs philosophiques et spirituelles pour se réduire à la notion de sevrage. Aujourd'hui, pour certains, la sobriété vient promouvoir un mode de vie responsable, parfois même ascétique. Pour d'autres, il peut être confondu avec l'efficacité technologique, entendue comme la préservation des usages tout en utilisant moins de ressources. Enfin, pour le gouvernement, la sobriété est pour le moment surtout un outil de gestion de crise, aux retombées plus rapides que durables. L'exemple le plus éloquent est celui de l'appel « à la sobriété énergétique » lancé par Emmanuel Macron le 14 juillet 2022 pour faire face au risque de pénurie lié à la guerre en Ukraine. Le plan qui en a découlé, reposant sur des mesures de réduction de notre consommation d'énergie (diminuer le chauffage de 19 °C à 18 °C, réduire l'utilisation de l'eau chaude sanitaire dans les bureaux, etc.), a permis une baisse de la consommation d'électricité en France de l'ordre de 10 % durant l'hiver 2022-2023 par rapport à la moyenne des années précédentes corrigée des effets climatiques.

En tout état de cause, la sobriété est maintenant reconnue, aux côtés de l'innovation technologique, du recyclage et de l'efficacité, comme un levier nécessaire à l'atteinte de la neutralité carbone et au respect des autres limites planétaires. Par exemple, les menaces que font peser les épisodes de sécheresse en France nous obligent à envisager des efforts de réduction de notre consommation d'eau de source, en plus des chantiers de réfection des réseaux et du développement des technologies de désalinisation.

Cependant, qu'elles s'inscrivent dans un plan à court terme de gestion de crise ou dans un programme à plus long terme, les mesures de sobriété font le plus souvent appel à la responsabilité individuelle, à travers l'adoption d'écogestes ou le changement d'habitudes individuelles de consommation. Mais ces derniers ont par nature une efficacité limitée. Il est donc nécessaire de donner une dimension collective au levier de la sobriété, en identifiant des mesures qui génèrent à la fois de nouveaux comportements individuels et une modification globale de notre consommation, plus adaptée aux limites planétaires.

La mise en œuvre opérationnelle d'une politique de sobriété collective se heurte néanmoins à plusieurs difficultés. La première a trait à l'absence de consensus sur la définition de la sobriété, sur laquelle doit s'appuyer une politique publique, et à la subjectivité même de cette notion. La deuxième difficulté tient à la faible adhésion des citoyens et des autres acteurs économiques à l'intérêt d'un « effort de sobriété ». Une première raison à cette réticence est la mauvaise image du concept, très souvent associé à la notion de restriction. Une deuxième raison tient au fait que la sobriété, dès lors qu'elle se définit comme une baisse globale de la demande, est souvent associée à une forme d'entrave économique et à la notion de décroissance. La mise en œuvre d'une politique publique sur ce sujet achoppe par ailleurs sur la difficulté du passage à grande échelle. Cela provient en partie d'une absence de portage politique et d'un manque de moyens humains et de compétences sur le sujet. Cela tient aussi au fait que les efforts ne peuvent pas être demandés de façon uniforme à tous et que toute tentative de raisonner sur un foyer moyen représentatif de l'ensemble de la population française s'avère contreproductive.

La mise en œuvre d'une politique publique de sobriété exige donc d'abord de dépasser les controverses idéologiques autour de la notion elle-même. Lever ce frein nécessite l'adoption d'une démarche rationnelle, fondée sur une justification factuelle. Il est en effet essentiel de fonder la légitimité de toute nouvelle mesure de sobriété en s'appuyant sur des éléments opposables, comme la quantification des besoins en ressources. En pratique, cela demande de déterminer nos futurs besoins en énergie, en matériaux, en eau ou en terre, et de vérifier si l'offre pourra répondre à la demande. Ce travail préliminaire permet de déterminer l'objectif à atteindre, les efforts de sobriété correspondant à l'écart entre offre et demande réduit de tout ce qui pourra être gagné par les autres leviers (efficacité, etc.). L'atteinte de cet objectif nécessite ensuite l'adoption d'une stratégie, comprenant le choix des leviers à mobiliser (réglementation, soutien financier, fiscalité, opération de sensibilisation, etc.), l'identification des potentiels points de blocages, la désignation des acteurs à mobiliser et la mise en place d'outils de mesure. Par exemple, dans le cadre du plan de sobriété énergétique, le groupe de travail sur le sport a dû mettre en place un référentiel commun pour mesurer la consommation énergétique des infrastructures sportives, qui n'existait pas auparavant.

Toute politique publique de sobriété doit en outre être bâtie sur trois piliers complémentaires et indispensables : la durabilité, la faisabilité et l'acceptabilité. L'importance de ce triptyque s'illustre dans plusieurs études de cas développées dans cet ouvrage. Prenons par exemple la mise en place de la tarification progressive de l'eau, déjà expérimentée dans plusieurs collectivités. Elle poursuit un double objectif, écologique et social. Elle vise en effet la réduction de la demande en eau potable des ménages, à travers un signal prix, tout en permettant une redistribution de revenu des plus gros consommateurs vers les plus petits. Pour atteindre ces objectifs, cette mesure doit d'abord être durable : les services publics doivent imaginer un nouveau modèle de financement de l'eau dans un contexte de raréfaction de la ressource, tenant compte de la tarification progressive. Elle doit en outre être faisable d'un point de vue économique et technique : outre le modèle économique, il faut intégrer les coûts liés à la mise en place de la tarification progressive (installations de compteurs individuels, accès et traitement des données…) et s'assurer du partage des données entre administrations sociales et services publics de l'eau. Enfin, pour être acceptable, il est nécessaire de s'assurer que les plus précaires et les foyers nombreux bénéficient de mesures compensatoires (comme des chèques eau, par exemple).

Néanmoins, l'acceptation de mesures collectives de sobriété ne dépend pas uniquement d'éléments rationnels. Elle découle même de la capacité du décideur à ajouter à ces derniers une notion de désirabilité. Il est essentiel que l'action publique intègre pour cela les facteurs qui conditionnent les comportements : représentations, normes sociales, aménagement du territoire, etc. Dans le cas du textile par exemple, les comportements d'achat qui entretiennent le phénomène de surconsommation de textile neuf sont alimentés par les représentations du textile comme un « consommable », véhiculées notamment par l'industrie de la fast-fashion. Pour faire évoluer les normes sociales et comportementales, plusieurs leviers peuvent être activés par l'action publique : la réglementation en matière de communication publicitaire, le développement des *nudges*, l'exemplarité de la politique d'achat public, etc.

Remerciements

En premier lieu, nous tenons à remercier notre référent Emmanuel Schneider pour ses remarques pertinentes et son soutien tout au long de l'année, ainsi que Nadia Maïzi, notre pilote de l'école des Mines, pour ses encouragements. Nous remercions également Mathieu Saujot pour ses précieux conseils.

Nous remercions Frédéric Glanois ainsi que l'ensemble des membres du Secrétariat général à la planification écologique (SGPE) pour l'intérêt porté à nos travaux.

Si le travail de mémoire a initialement débuté à deux, nous avons été rejointes en février par douze camarades de l'INSP pour une période intense, qui a abouti à la rédaction d'un rapport sur commande à destination du SGPE. Nous remercions chaleureusement Hugues Barataud, Carla-Julie Bastia, Amara Bathily, Simon Berger, Véronique Bouvelle, Paule Desmoulière, Richade Fahas, Tifoumnaka Koubodena, Paul Ouvrad, Aman Rasidi, Margaux Schneider et Aurélien Wittmann pour leur implication, leur travail et les échanges très riches que nous avons eus.

Enfin, nous remercions tous ceux qui ont répondu à nos sollicitations et ont accepté d'échanger avec nous sur ce vaste sujet qu'est la sobriété.

Sommaire

Introduction

En 2023, le « jour du dépassement[1] », c'est-à-dire la date à laquelle l'humanité a consommé toutes les ressources naturelles que la planète peut régénérer en une année, a été atteint le 2 août. À partir de cette date, nous avons donc vécu cinq mois en entamant le capital naturel nécessaire au maintien de la vie sur Terre. En parallèle, face à la croissance de la consommation mondiale de ressources non renouvelables (minéraux et combustibles), dont l'extraction fragilise les écosystèmes, des pénuries sont à craindre. Selon une étude de l'Ademe (2017), « de nombreux métaux de base ont, sur plusieurs décennies, une croissance annuelle moyenne de 3 % comme pour le cuivre ou le fer, mais les métaux de spécialité[2] ont une croissance annuelle bien supérieure pouvant dépasser 6 % sur la dernière décennie. [...] En conséquence des pénuries sur certaines matières minérales pourraient survenir dans un avenir proche (10 ans) ». Des pénuries d'autant plus inquiétantes que de nombreux métaux sont utilisés dans des technologies visant à participer à la transition énergétique. Or, il y a urgence à diminuer les émissions de gaz à effet de serre et le recours aux énergies fossiles : d'après le rapport du GIEC d'avril 2022, 3,3 à 3,6 milliards d'humains vivent dans des conditions de forte vulnérabilité au réchauffement climatique.

Les États et les acteurs économiques sont donc contraints de trouver des solutions pour limiter le réchauffement climatique sans épuiser les ressources planétaires. La technologie, l'efficacité, la productivité des ressources ou encore le recyclage ont longtemps été les seules voies envisagées. Mais depuis quelques années, l'appel à des efforts de

1 – Le jour du dépassement est calculé chaque année par l'ONG Global Footprint Network, au niveau mondial et pays par pays. En France, ce jour a été atteint le 5 mai en 2023.

2 – Les métaux de spécialité sont utilisés en quantité limitée dans les produits finaux. Ils constituent le plus souvent des éléments d'alliage ou des éléments utilisés pour leurs propriétés électroniques dans les nouvelles technologies.

sobriété prend une place grandissante au sein de la sphère scientifique. Notamment, dans le troisième volet de son rapport consacré aux solutions pour réduire les émissions de gaz à effet de serre[3], le GIEC appelle à la mise en œuvre de politiques de sobriété en les définissant comme « les mesures et les pratiques quotidiennes qui permettent d'éviter la demande en énergie, en matériaux, en terres, en eau, tout en assurant le bien-être de toutes et tous, dans le cadre des limites planétaires ». En France, la sobriété entre peu à peu dans les politiques publiques mais elle reste le plus souvent utilisée comme un outil de gestion de crise : appel à la baisse de la consommation d'énergie au déclenchement de la guerre en Ukraine, mesures de réduction de la consommation d'eau face à la menace de sécheresse, etc. Le levier de la sobriété se résume le plus souvent à la mise en œuvre d'écogestes et à l'appel à un changement des comportements individuels pour atteindre des objectifs à court terme. Comment faire alors de la sobriété collective un élément constitutif de nos politiques publiques et de notre rapport à la consommation ? Comment créer un cadre adéquat à l'évolution nécessaire des modes de vie, sans pour autant compromettre les revenus, les emplois ou encore la liberté de nos concitoyens ?

C'est à ces questions que notre ouvrage tente modestement de répondre. En nous appuyant sur de nombreux entretiens menés auprès des institutions, des collectivités, des experts, des entreprises ou encore des associations, nous avons tenté d'identifier les principaux nœuds et blocages auxquels l'action publique est aujourd'hui confrontée, et qui empêchent la mise en œuvre de la sobriété plus largement. Ils font l'objet d'un premier chapitre. Ce travail préliminaire nous a permis d'établir une « méthode » pour sortir de l'idéologie et entrer dans une démarche rationnelle. Nous illustrons cette démarche dans un deuxième chapitre, dans le cadre de trois études de cas. Chaque cas correspond à une stratégie publique pour réduire la consommation d'une ou plusieurs ressources : l'orientation des achats automobiles vers de petits véhicules électriques, la tarification progressive de l'eau et la réduction de la consommation de textiles neufs.

---

3 – Publié le 4 avril 2022.

Ces études de cas, développées en annexe, ont permis de faire émerger trois critères indispensables pour assurer l'efficacité des mesures de sobriété : la durabilité des mesures, leur faisabilité et leur acceptabilité.

Ce dernier critère, complémentaire des deux autres, mérite en outre une attention particulière ; il n'est en effet pas possible de s'en remettre uniquement à des éléments rationnels pour dépasser les blocages identifiés en matière d'acceptabilité et de désirabilité de la sobriété. Il faut donc s'intéresser aux représentations qui freinent l'adhésion collective à des politiques publiques de sobriété. C'est l'objet du troisième chapitre.

Chapitre 1

La sobriété collective : le difficile passage de la théorie à la pratique

Face au réchauffement climatique et à la raréfaction des ressources, l'innovation technologique ne peut à elle seule contenir tous les espoirs de solutions. À ce levier majeur doit s'ajouter celui de la sobriété, comme semble le reconnaître aujourd'hui la sphère politique. Toutefois, surtout quand elle est appréhendée à long terme, sa mise en œuvre opérationnelle se heurte à des limites qu'il convient d'identifier pour qu'elle puisse être véritablement l'objet de politiques publiques.

Un récent regain d'intérêt

Une philosophie très ancienne

En 2022, les auditeurs de France Info ont placé le terme *sobriété* au deuxième rang des mots les plus marquants de l'année[4], derrière *guerre* et devant *éco-anxiété*. Il faut dire que les prises de parole sur ce sujet, notamment par le gouvernement, se multiplient depuis peu.

Cette notion aux allures de nouveauté est pourtant très ancienne. S'entendant comme un synonyme de simplicité, de tempérance, de modération voire de dépouillement, la notion de sobriété s'enracine dans notre histoire philosophique, spirituelle et religieuse. En effet, dès l'Antiquité, Platon désigne la tempérance comme l'une des vertus

4 – 1 029 personnes sur 4 300 votants ont choisi le terme *sobriété* parmi les sept mots les plus marquants de l'année 2022 proposés par France Info.

cardinales avec la prudence, le courage et la justice. Pour Épicure, la frugalité est en outre une condition d'accès au bonheur, comme pour les stoïciens qui font de l'autolimitation des désirs un idéal. Ce concept se retrouve également dans la religion chrétienne, notamment à travers la figure de Saint François d'Assise, qui prône la simplicité et le refus de la matérialité, au profit de la spiritualité.

Le retour de « la chasse au Gaspi » énergétique

Aujourd'hui, l'appel à la sobriété dans les différentes prises de parole gouvernementales est à dessein plus pragmatique et vise globalement « une réduction de la consommation » sans qu'aucune définition n'ait été arrêtée par l'exécutif. De façon assez emblématique, le 14 juillet 2022, Emmanuel Macron a appelé les Français à « *entrer collectivement dans une logique de sobriété* », lors d'une interview télévisée. Le président annonçait alors le lancement à venir d'un « plan de sobriété énergétique » pour faire face au risque de pénurie lié à la guerre en Ukraine. Présenté en octobre 2022, ce plan décline en 15 mesures les moyens de réduire notre consommation d'énergie[5] (diminuer le chauffage de 19 °C à 18 °C, réduire l'utilisation de l'eau chaude sanitaire dans les bureaux, etc.) sur le modèle des actions proposées par l'Agence pour les économies d'énergie (AEE)[6] dans les années 1970.

Un nouvel outil de gestion de crise

Aujourd'hui, la sobriété reste d'ailleurs essentiellement utilisée par le gouvernement comme un outil de gestion de crise. Ainsi, comme

5 – Ces mesures visent l'État, les collectivités, les entreprises, les espaces recevant du public, etc.

6 – L'AEE a été créée en 1974 sous mandat présidentiel de Valery Giscard d'Estaing, suite au premier choc pétrolier, avec la mission de promouvoir les économies d'énergie auprès des Français. L'agence a réalisé, entre 1974 et 1982, de très nombreuses campagnes de communication pour promouvoir les économies d'énergie, avec notamment le slogan « En France on n'a pas de pétrole, mais on a des idées » et la campagne de communication « la chasse au Gaspi » pour réduire la consommation de carburants.

pour contrer le risque de pénurie d'énergie en 2022, ce levier a été activé en 2023 face au risque de sécheresse. L'hiver 2022-2023 a battu un record de trente-deux jours sans pluie et les nappes phréatiques ne se sont pas suffisamment remplies, rendant plus probable l'augmentation des périodes de sécheresse dans les mois suivants[7]. Aussi, faute d'usines de désalinisation d'eau de mer et de solutions de transfert ou d'importation d'eau pour approvisionner les zones les plus vulnérables, l'exécutif a adopté en mars 2023, dans l'urgence, un Plan eau en 53 mesures reposant en grande partie sur des efforts de sobriété, autrement dit sur la réduction pure et simple de la consommation d'eau. Cette baisse de la consommation devait permettre d'atteindre l'objectif à court terme du plan : « éviter des coupures d'eau au cours de l'été [suivant] ». Associés aux autres mesures, comme la lutte contre les fuites ou la prévention des pollutions, ces efforts doivent aider à atteindre un deuxième objectif, moyen terme : « faire 10 % d'économie d'eau dans tous les secteurs d'ici 2030 ».

Des bénéfices rapidement chiffrables

Il faut dire que, telle qu'elle est appréhendée aujourd'hui (c'est-à-dire réduite à une réduction de la consommation), la sobriété a le mérite d'être une solution simple à mettre en œuvre et dont les effets sont rapidement mesurables. Par exemple, le plan de sobriété énergétique français a permis une baisse de la consommation d'électricité en France de l'ordre de 10 % durant l'hiver 2022-2023 par rapport à la moyenne des années précédentes corrigée des effets climatiques[8].

Autre exemple, cette fois japonais. À la suite de l'accident de la centrale de Fukushima en mars 2011, le gouvernement a mis en place un plan d'économies d'électricité, le *Setsuden,* incluant des restrictions de consommation pour les entreprises énergo-intensives, le ralentissement

7 – La disponibilité en eau en France devrait diminuer de 10 à 40 % dans les prochaines décennies, selon le gouvernement.

8 – Selon la synthèse hebdomadaire de la consommation électrique française réalisée par RTE et relevée le 7 mai 2023.

des trains, l'arrêt des escalators ou encore l'extinction des panneaux publicitaires. Des entreprises ont également volontairement choisi de décaler leurs horaires de travail, afin de réduire la pointe de demande, ou d'assouplir le code vestimentaire (le port de la cravate, notamment) pour limiter l'usage de la climatisation. Au total, ce plan a permis de diminuer le pic de demande d'électricité de 20 % et la demande de près de 8 % par rapport à l'année précédente (Murakoshi C. *et al.*, 2012).

Un levier indispensable à long terme

Un complément à l'efficacité, la substitution et la réutilisation

Outil de gestion de crise, la sobriété est également reconnue comme nécessaire pour garantir les « conditions de bouclage ». Comme on vient de le voir avec le plan eau, elle intervient en effet dans le maintien d'un équilibre entre offre et demande (en eau, en énergie, etc.). C'est dans cet objectif d'équilibre que la quête d'économie vient compléter d'autres leviers tels que l'efficacité, le recyclage ou la substitution, souvent insuffisants.

Gagner en efficacité est en effet un processus souvent long et coûteux. Pour réduire les tensions sur la ressource en eau par exemple, gagner en efficacité suppose de limiter les fuites d'eau potable affectant les réseaux vieillissants – et qui entraînent une perte moyenne de 20 % des volumes d'eau à tout instant. Les investissements nécessaires sont colossaux : le Centre d'information sur l'eau (C.I.eau) estime qu'il faudrait 150 000 euros par kilomètre de réseau à rénover. En outre, cette rénovation nécessite une bonne connaissance du réseau pour localiser les fuites, ce qui n'est pas encore le cas pour la plupart des collectivités. Il est donc impossible de faire l'impasse sur le levier de réduction des consommations d'eau.

L'objectif de neutralité carbone ne peut pas, lui non plus, être atteint sans des efforts de sobriété. La sortie des énergies fossiles étant un levier indispensable à la décarbonation de notre économie, une forte électrification de nos usages est attendue. En France, la consommation annuelle d'électricité, aujourd'hui de 470 TWh, devrait ainsi osciller, selon les travaux de RTE (2021), entre 555 et 745 TWh en 2050. La valeur réellement atteinte dépendra principalement du niveau d'industrialisation de la France, du niveau d'électrification des transports et de la performance énergétique des bâtiments que nous aurons atteinte à cette date. Une partie de cette valeur dépendra également de nos efforts de sobriété. La stratégie nationale bas carbone (SNBC), notre feuille de route pour atteindre la neutralité carbone en 2050, prévoit d'ailleurs une réduction de 40 % notre consommation d'énergie[9]. Le 24 mai 2023, la ministre de la Transition énergétique, Agnès Pannier-Runacher, a d'ailleurs indiqué que la sobriété énergétique devrait contribuer « *a minima à 15 %* » à l'objectif de réduction des émissions d'ici 2030[10].

Dans certains secteurs, le potentiel de sobriété est gigantesque. Par exemple, dans le secteur du transport, qui reste le plus émetteur de gaz à effet de serre[11], près de la moitié de l'objectif 2030 de réduction des émissions pourrait être réalisée grâce à des mesures de sobriété, selon le Secrétariat général à la planification écologique : véhicules sobres et légers, télétravail, report modal voyageur, covoiturage, maîtrise de la demande dans l'aérien, etc.

De la responsabilisation individuelle à la nécessité collective

Cependant, qu'elles s'inscrivent dans un plan à court terme de gestion de crise ou dans un plan à plus long terme, les mesures de sobriété font le plus souvent appel à la responsabilité individuelle, à travers l'adoption d'écogestes ou le changement d'habitudes individuelles de consommation. Mais ces derniers ont par nature une efficacité limitée. Par exemple, ils

9 – Le plan de sobriété énergétique annoncé en octobre 2022 doit participer à la réalisation de l'objectif de 40 % de réduction de la consommation énergétique inscrit dans la SNBC.

10 – Dans le cadre de l'accord de Paris sur le climat de 2015, la France s'est engagée à réduire ses émissions de gaz à effet de serre de 40 % d'ici 2030 par rapport à 1990.

11 – En 2020, les transports étaient responsables de 28,7 % des émissions nationales de gaz à effet de serre, selon le ministère de Transition écologique.

devraient permettre de diminuer l'empreinte carbone d'un Français de 25 % maximum, alors qu'une baisse de 80 % est nécessaire pour respecter l'accord de Paris (Dugast et Soyeux, 2019).

Même dans les cultures paraissant plus familiarisées avec la notion de sobriété — comme les pays nordiques où l'on retrouve le concept de *lagom* suédois (Brones, 2017), qui prône un mode de vie se contentant de la juste mesure, de *hygge* danois (Wiking, 2017), qui encourage à apprécier avant tout les plaisirs simples du quotidien, ou le concept de *janteloven* (Avant et Knutsen, 1993), code de conduite basé sur la modestie et le réalisme dans ses attentes —, elle reste souvent circonscrite à une perspective individuelle, rendant alors plus difficile sa mise en pratique globale.

Il est donc nécessaire de trouver le moyen de donner une dimension collective au levier de la sobriété, en adoptant des mesures qui génèrent à la fois des nouveaux comportements individuels et une modification globale de notre consommation pour l'adapter aux limites planétaires. À cette dimension collective doivent s'ajouter une vision à long terme et des objectifs progressifs. Sans quoi, les résultats risquent d'être décevants. Par exemple, après le choc pétrolier de 1973, les Pays-Bas ont instauré les dimanches sans voiture dans la capitale et encouragé l'usage du vélo en ville. La vitesse et l'éclairage public sur les routes ont également été limités, puis l'essence a été rationnée, à hauteur de 15 litres par semaine et par automobiliste. Cependant, malgré une baisse entre 1973 et 1975, la consommation d'énergie par habitant est restée globalement stable entre 1970 et aujourd'hui.

Une politique de sobriété collective doit donc adopter une dimension systémique et interroger des modes d'organisation de nos sociétés, afin de parvenir à initier des changements d'usage.

Pour l'association négaWatt, la sobriété ne peut être qu'une démarche collective

L'association négaWatt œuvre pour une « transition énergétique réaliste et soutenable » en proposant une démarche fondée sur trois piliers : la sobriété énergétique, l'efficacité énergétique et les énergies renouvelables. Pour l'association, la sobriété est une démarche collective avant d'être individuelle, et peut prendre plusieurs formes, explique son directeur général Stéphane Chatelin dans un article du journal d'entreprise *Fil d'argent**. La première est la « sobriété structurelle », qui consiste à « créer les conditions d'une modération de notre consommation » : cela peut passer par exemple par l'aménagement du territoire en vue de réduire les distances à parcourir pour accéder au travail, aux commerces, etc. La deuxième est « la sobriété dimensionnelle », qui désigne « le bon dimensionnement des équipements par rapport à leurs conditions d'usage (par exemple, utiliser une petite voiture pour des déplacements intra-urbains) ». La troisième est la « sobriété d'usage », qui porte sur « la bonne utilisation des équipements en vue d'en réduire la consommation énergétique » (par l'écoconduite par exemple). La quatrième est la « sobriété conviviale », qui relève d'une logique de « mutualisation des équipements et de leur utilisation ».

(*) *Fil d'argent* est le journal interne de la coopérative bancaire Nef, engagée pour une finance éthique.

Les freins à une politique publique de sobriété

Une définition non stabilisée

La mise en œuvre d'une politique publique de sobriété se heurte néanmoins à plusieurs difficultés. Une première a trait à l'absence de consensus sur la définition de sobriété sur laquelle appuyer une politique publique, souligne la cofondatrice du think tank La Fabrique de l'écologie, Lucile Smidt (La forge numérique 2023), et à la subjectivité même de cette notion. L'association négaWatt définit par exemple la sobriété énergétique comme la « réduction des consommations superflues s'organisant par une hiérarchisation des besoins, et favorisant les comportements et activités intrinsèquement peu consommateurs d'énergie au niveau individuel et collectif». En dehors du domaine de l'énergie, une telle hiérarchisation existe par exemple pour l'eau potable des ménages à travers la catégorisation en trois niveaux: «eau essentielle», «eau utile» et «eau de confort»[12]. Mais comment déterminer ce qui est essentiel et superflu dans tous les domaines? Dans le cas du textile, comment définir par exemple le juste besoin en tee-shirts par personne? Cela est d'autant plus complexe que «poser la question de la définition des besoins essentiels revient forcément à soulever celle de la procédure par laquelle on les définit», rappelle Razmig Keucheyan, dans un entretien paru dans *Mouvements*[13].

D'autres définitions associent réduction de la consommation et amélioration de la qualité de vie. C'est le cas de celle de l'Ademe, pour qui la sobriété est une «recherche de "moins", de modération, tout en recherchant un "mieux", notamment de la qualité de vie». Elles peuvent même associer à l'objectif écologique un objectif de réduction des inégalités sociales à l'instar de celle donnée par le Groupe d'experts intergouvernemental sur l'évolution du climat (GIEC), dans le troisième volet de son rapport consacré aux solutions pour réduire les émissions de gaz à effet de serre. Le GIEC appelle à la mise en œuvre de politiques de sobriété en les définissant comme «les mesures et les pratiques quotidiennes qui permettent d'éviter la demande en énergie, en matériaux, en terre, en eau, tout en assurant le bien-être de toutes et tous, dans le cadre des limites planétaires».

Une faible adhésion

Une deuxième difficulté tient à la faible adhésion des citoyens et des autres acteurs économiques à l'intérêt d'un «effort de sobriété». Selon un

12 – Cette terminologie est propre à la ville de Dunkerque qui a mis en place la tarification progressive de l'eau, mais cette hiérarchisation est appliquée dans toutes les villes l'ayant mise en œuvre.

13 – *Mouvements*, 105, pages 135-147.

sondage réalisé par l'Ifop pour Teneo et Impact France en septembre 2022, les Français sont plutôt mitigés face à l'idée d'adopter une consommation « plus sobre ». Seulement quatre sur dix se disent prêts à réduire leurs achats de manière globale.

La première raison à cette réticence est la mauvaise image du concept de sobriété, très souvent associé à la notion de restriction. Le mode de vie parfois « ascétique » prôné par les premiers défenseurs de la sobriété explique en partie cette association. Mais le fait que les mesures de sobriété proposées par le gouvernement visent essentiellement la demande des consommateurs vient certainement renforcer cette idée.

Une deuxième raison tient au fait que la sobriété, dès lors qu'elle se définit comme une baisse globale de la demande, est souvent associée à une forme d'entrave économique et à la notion de décroissance. Pourtant le lien entre sobriété et décroissance n'est pas si évident, comme le montre un rapport de prospective de l'Ademe (2021), présentant les moyens de conduire la France vers la neutralité carbone. Dans ce rapport, les quatre scénarios dessinés, même celui nommé « Génération frugale »[14] qui inclut les hypothèses de sobriété les plus poussées, présentent un PIB croissant entre aujourd'hui et 2050. Cette augmentation s'explique par les hypothèses de croissance de la population française, de hausse de la productivité du travail et de réduction des importations (Ademe, 2022). Toutefois, la hausse du PIB est moins importante dans le scénario « Génération frugale » que dans les autres, avec un taux de croissance annuel moyen du PIB de 1,1 % contre 1,3 % dans le scénario tendanciel. En 2050, le PIB de ce scénario serait inférieur à celui du scénario excluant toute sobriété de plus de 8 %. Une note de Jean Pisani-Ferry et Selma Mahfouz (2022) sur les impacts macroéconomiques de la transition environnementale montre également que la sobriété n'est pas nécessairement synonyme

14 – Dans ce scénario, l'Ademe prévoit notamment entre 2015 et 2050 une division par trois de la consommation de viande et d'électricité (pour un usage domestique), une baisse de 45 % des trafics de marchandise nationaux, ou encore une forte hausse de l'industrie circulaire avec 70 % de l'acier, de l'aluminium, du verre, du papier-carton et des plastiques consommés venant du recyclage.

de décroissance et qu'elle ne s'oppose pas au bien-être. Cela dépend notamment du développement d'une offre alternative française plus sobre et des changements de comportements associés.

Par ailleurs, il est difficile de convaincre largement la population française de la nécessité de faire preuve de sobriété tant que les contraintes physiques, qui pèsent notamment sur les ressources, ne sont pas tangibles. Comment se rendre compte par exemple de l'impact environnemental des vêtements que l'on achète ? Comment matérialiser l'insoutenabilité du rythme actuel de consommation textile ? Même dans les modèles de scénarios prospectifs énergie-climat[15], la prise en compte des ressources non énergétiques (métaux, eau…) et de leur épuisement est aujourd'hui limitée. Les effets rebond sont également très peu pris en compte, et il existe des incertitudes quant au développement et à la disponibilité à grande échelle des technologies mobilisées (par exemple la capture et le stockage du CO_2). De nombreuses incertitudes scientifiques demeurent également sur l'impact réel du changement climatique, avec des effets de seuil et d'emballement peu connus et encore moins quantifiables (Steffen *et al.*, 2018).

À cela s'ajoute le manque de connaissances des citoyens sur les sujets scientifiques : 37 % des Français seraient climato-sceptiques, et ce pourcentage est en augmentation (Ipsos, 2022). La compréhension de la sobriété par l'ensemble de la population est d'autant plus difficile.

La prise en compte d'une diversité de situations

La mise en œuvre d'une politique publique de sobriété se heurte par ailleurs à l'enjeu du passage à grande échelle. Cela provient notamment d'une absence de portage politique, d'un manque de moyens humains et

15 – Développée à partir de la fin des années 1960 autour des travaux du Club de Rome, la modélisation prospective énergie-climat vise à représenter les interactions entre les systèmes économiques, énergétiques et climatiques.

de compétences sur le sujet, ou encore des problèmes de coordination entre les différents échelons administratifs, pour Barbara Nicoloso, présidente de Virage Énergies. Cela tient aussi au fait que les efforts ne peuvent pas être demandés de façon uniforme à tous, comme le montrent différentes initiatives engagées à l'échelle territoriale. Il est nécessaire d'adapter les mesures selon les lieux d'habitation et les caractéristiques des territoires : gagner en sobriété dans le domaine de la mobilité ne peut être pensé de la même manière dans les grandes villes qu'en milieu rural.

Souvent accompagnés par des acteurs associatifs, plusieurs territoires français ont en effet mis en place des initiatives concrètes de sobriété, en les intégrant dans une réflexion plus large qui vise à les rendre plus résilients (Corre *et al.*, 2021). Par exemple, engagée dans la démarche « Territoire à énergie positive » (TEPOS)[16] développée par l'association négaWatt, la communauté de communes des Crêtes pré-ardennaises, située dans les Ardennes, a mis en place différentes actions : des ateliers autour de la prise en compte des enjeux environnementaux dans l'urbanisme, le développement de pistes cyclables pour encourager le report modal, des actions de lutte contre le gaspillage alimentaire (adaptation des portions selon la faim et l'âge à la cantine scolaire, actions de sensibilisation auprès des citoyens…) ou encore la mise en place de circuits courts. Ces initiatives restent souvent limitées à une échelle locale, car elles reposent sur un collectif de citoyens engagés, qui se sentent impliqués du fait de la petite échelle des actions et de l'appartenance à un territoire géographique donné et à un collectif. Si elles ont le mérite d'exister, elles ne permettent pas de résoudre deux problématiques : celle du passage à plus grande échelle et celle de l'embarquement de citoyens moins engagés ou moins sensibilisés aux enjeux environnementaux.

16 – L'objectif de cette démarche est d'accompagner les territoires dans leur transition vers un modèle plus durable. Fidèle aux piliers de l'association négaWatt, elle encourage les collectivités locales, les acteurs économiques et les citoyens à s'engager ensemble pour réduire leur consommation d'énergie, améliorer leur efficacité énergétique et augmenter leur production d'énergie renouvelable. Elle vise ainsi à réduire la dépendance aux énergies fossiles, à diminuer les émissions de gaz à effet de serre et à créer des dynamiques locales

La difficile prise en compte du futur lointain

Enfin, le décalage temporel important entre les mesures coûteuses de lutte contre le changement climatique et leurs effets escomptés dans plusieurs années ne favorise pas la mise en œuvre d'une politique sur le long terme. Les générations actuelles doivent en supporter les coûts mais ne verront pas le résultat de leurs efforts ; ce sont leurs descendants qui en bénéficieront principalement. Or, selon Graham Smith (2017), plusieurs facteurs expliquent le court-termisme de nos démocraties, notamment l'absence de représentation des générations futures dans les électeurs, la préférence psychologique pour le présent ou encore la logique des cycles électoraux courts, qui incitent plutôt les politiques à se concentrer sur des mesures rapides permettant de garantir des résultats à court terme. Plutôt que de se restreindre pour assurer des libertés aux générations futures, il paraît souvent plus acceptable de privilégier nos libertés aujourd'hui, remarque Jean-Marc Jancovici, fondateur et président de The Shift Project, lors de notre entretien. Des instances comme le Haut conseil pour le climat (HCC) ou encore le Secrétariat général à la planification écologique (SGPE) ont néanmoins récemment été créées (respectivement en 2018 et 2022) pour prendre en compte les enjeux environnementaux sur le long terme.

Chapitre 2

Une démarche à rationaliser

Puisque la notion de sobriété est l'objet de controverses, elle doit, pour faire l'objet d'une politique publique, être accompagnée d'un référentiel, d'une stratégie et d'objectifs. La mise en œuvre opérationnelle d'une politique publique doit en effet répondre à une démarche rationnelle, dans laquelle les objectifs servent de cahier des charges à la mise en œuvre des différents instruments nécessaires à leur réalisation.

Pour participer modestement à aiguiller l'action publique, ce chapitre explore trois études de cas relevant notamment les principaux nœuds et blocages auxquels les pouvoirs publics sont confrontés.

De l'idée à la programmation

Un : établir un diagnostic

Tant que les contraintes financières ou physiques sur les ressources ne sont pas tangibles, il est difficile de rendre la sobriété désirable, mais dès lors qu'elles sont visibles et vécues, la mise en œuvre de la sobriété devient d'autant plus complexe et contrainte. Pour résoudre ce blocage et encourager le passage à l'action, il pourrait être pertinent de matérialiser les contraintes qui risquent d'advenir dans le futur.

En d'autres termes, avant de mettre en œuvre une politique de sobriété collective, il est essentiel de justifier sa pertinence et sa légitimité en s'appuyant sur des éléments rationnels, comme la quantification des besoins en ressources et la vérification des conditions de bouclage. En pratique, cela signifie déterminer nos futurs besoins en énergie, en matériaux, en eau ou en terre, et vérifier que l'offre pourra répondre à la demande. Cela nécessite de considérer l'intégralité des chaînes de valeur. Prenons l'exemple de l'électrification des véhicules, qui s'accompagne d'un besoin massif en matières premières pour la fabrication des batteries. Il s'agit de vérifier qu'il y aura assez de métaux disponibles pour fabriquer les batteries, qu'une filière d'approvisionnement en métaux, batteries et véhicules électriques est mise en place, qu'il y aura assez d'électricité pour recharger les véhicules et que la gestion des batteries en fin de vie est prise en compte. Ces conditions dépendent de choix réglementaires et stratégiques, de l'implantation industrielle de gigafactories, de la mise en place d'une filière de recyclage de batteries, etc.

Toutefois, cette analyse peut être rendue complexe dans certains domaines car il n'existe pas forcément de données ou d'agrégats simples auxquels se fier. Il convient également d'intégrer dans cette réflexion les éléments moins quantifiables, qui ne peuvent pas se décrire simplement avec quelques indicateurs de bouclage, comme la biodiversité ou encore la préservation de la qualité de l'eau ou de l'air.

Deux : fixer un objectif et des indicateurs de suivi

Cette mise en exergue des conditions de bouclage permet de déterminer l'objectif à atteindre – qui correspond à l'écart entre l'offre et la demande, réduit de tout ce qui pourra être gagné par les autres leviers (efficacité, etc.). RTE et l'Ademe ont présenté respectivement les rapports *Futurs énergétiques 2050* et *Transition(s) 2050*, contenant chacun des scénarios intégrant des efforts de sobriété en plus des autres leviers, à partir de projections de demande et d'offre. Ces scénarios couvrent pour l'instant principalement l'énergie et l'eau, mais l'utilisation de ces outils pourrait s'accroître dans les années à venir, pour identifier les gisements de sobriété sur les autres ressources. L'association négaWatt a d'ailleurs déjà développé un outil de modélisation, dénommé négaMat, pour mettre en cohérence l'évolution des productions industrielles et les demandes futures de matières (bâtiment, transport, alimentation…) afin d'améliorer les scénarios prospectifs énergie-climat de l'Ademe[17].

Pour assurer un suivi, avec une cible, il faut également inclure dès le début de la réflexion la définition d'indicateurs quantitatifs, qui doivent être mis à jour au cours du temps, pour permettre une évaluation transparente et objective de l'impact réel des mesures. Par exemple, les annonces de l'ancienne première ministre, Élisabeth Borne, autour de la planification écologique et des trajectoires de décarbonation ont conduit à des objectifs chiffrés de réduction des émissions par secteur d'ici à 2030, même si les moyens, notamment budgétaires, permettant d'atteindre les objectifs restent encore à arbitrer.

Trois : définir une stratégie

C'est là que commence la véritable opérationnalisation : il s'agit d'élaborer une stratégie pour atteindre l'objectif, de détecter les potentiels freins à sa réalisation et de désigner les principaux acteurs concernés.

De ce travail préliminaire découle le choix des leviers à mobiliser : réglementation, soutien financier, fiscalité, opération de sensibilisation, etc. (voir figure 2.1). Les mesures peuvent cibler la demande et l'offre.

La collecte des données est primordiale pour assurer le suivi et peut constituer un blocage. Par exemple, dans le cadre du plan de sobriété énergétique, le groupe de travail sur le sport a dû mettre en place un référentiel commun pour mesurer la consommation énergétique des infrastructures sportives, qui n'existait pas auparavant. Des comités de suivi mensuels ont également été organisés afin de faire remonter les freins au ministère et permettre le partage d'informations, explique Mathieu Charpentier, conseiller sport professionnel, économie du sport, e-sport, transition digitale et écologique au ministère des Sports et des Jeux olympiques et paralympiques.

17 – L'institut négaWatt et l'Ademe travaillent actuellement à l'amélioration de cet outil.

Figure 2.1 — Les leviers de l'action publique pour atteindre des objectifs de sobriété

Typologie des leviers	Mesures centrées sur l'offre	Mesures centrées sur la demande
Contrainte réglementaire ou normative	Sur les volumes de l'offre : quotas de production, quotas d'importation, etc. Exemple : le système de quotas mis en place entre 1974 et 2005 par plusieurs pays (dont la France et les États-Unis) afin de limiter le volume des importations de textiles en provenance de l'étranger.	Sur les volumes de la demande : quotas d'achat, etc. Exemple : quota de nombre de vols en avion par personne proposé par Jean-Marc Jancovici.
	Sur les paramètres de l'offre : réglementation sur les caractéristiques de l'offre (masse, taille, etc.), réglementation sur les impacts associés à l'utilisation des ressources, etc. Exemple : obligation de réduction des émissions de GES par constructeur automobile au cours du temps.	Sur les paramètres encadrant la demande : régulation de la publicité, régulation des pratiques commerciales, etc. Exemple : obligation d'affichage du « score carbone » dans les publicités pour voitures diffusées à la télévision et au cinéma.
Soutiens financiers, incitations fiscales	Dispositifs fiscaux à destination des producteurs conditionnés aux paramètres de l'offre. Exemple : crédit d'impôt collection.	Dispositifs fiscaux à destination de la transition vers de nouveaux modèles de consommation (incitations financières conditionnées à l'utilisation de plateformes collaboratives, bonus-malus réparation, etc.) Exemple : aide à la réparation de son vélo.
Signal-prix, taxes	Modulation du signal-prix incitant à la mise en œuvre de comportements sobres. Exemple : tarification progressive de l'eau.	
Sensibilisation, responsabilisation	Information demandée au producteur. Exemple : devoir de vigilance.	Information donnée au consommateur (affichage, labels, données d'impacts, etc.). Exemple : affichage environnemental.
	Campagne de communication. Exemple : campagne « Chaque geste compte » du plan de sobriété énergétique de 2022.	
Commande publique	Orientation des achats publics vers les offres sobres. Exemple : achat de matériel informatique reconditionné dans les ministères et les administrations.	

Source : Source : DGE (2018).

Note : Ce tableau a été bâti à partir de la littérature (Khan, Mariton et Pascal, 2022 ; de Perthuis, Shaw et Lecourt, 2010) et de nos entretiens avec Christian Gollier, économiste à la Toulouse School of Enonomics, Didier Blanchet, économiste, Mathieu Saujot, chercheur à l'Iddri, Quentin Perrier, Audrey Berry et David Caubel respectivement responsable des études, chargée de mission et chargé de mission au Haut Conseil pour le Climat.

Trois piliers essentiels : durabilité, faisabilité et acceptabilité

L'analyse de trois études de cas, développées ci-après, révèle des dénominateurs communs que l'action publique doit prendre en compte lors de la mise en œuvre de politiques de sobriété.

Tout d'abord, la soutenabilité de nouveaux modèles économiques, plus sobres en ressources, est une condition impérative de succès ; or, celle-ci n'est aujourd'hui pas suffisamment pensée. Par exemple, sans une production française compétitive de petits véhicules électriques sobres, la France s'expose aux importations massives de véhicules étrangers (depuis la Chine, le Maghreb ou l'Europe de l'Est notamment) et au creusement de sa balance commerciale. De son côté, l'État reste fortement dépendant des recettes liées aux hydrocarbures alors que celles-ci sont amenées à diminuer et que l'électrification s'accompagne de besoins financiers massifs.

Ensuite, l'État doit développer une vision, transversale et de long terme, qui englobe l'ensemble des parties prenantes et des usages, et intègre l'utilisation des différentes ressources de manière cohérente et complète. Les enjeux écologiques, économiques et sociaux sont, pour l'instant, trop souvent traités de façon antagoniste, ce qui donne l'impression que la sobriété serait infaisable.

Enfin, on constate dans les trois cas qu'il est essentiel d'intégrer les facteurs qui conditionnent les comportements : représentations, normes sociales, aménagement du territoire, etc.

En d'autres termes, ces études de cas, appuyées par des entretiens et complétées par une analyse bibliographique, nous permettent d'identifier trois piliers essentiels à la réussite des politiques publiques de sobriété : la durabilité, la faisabilité et l'acceptabilité.

Si l'un de ces piliers manque, la politique de sobriété mise en œuvre risque d'être inefficace. Par exemple, si les mesures sont inacceptables, parce que considérées comme injustes ou incohérentes par certaines catégories de population, le risque de rejet est important. L'exemple emblématique est la crise des gilets jaunes en 2019, née initialement de la décision de réduire à 80 km/h la vitesse sur une partie du réseau routier. Elle a été renforcée au moment de l'accentuation du rythme de progression de la taxe sur les carburants, justifiée par le gouvernement par la lutte nécessaire contre le réchauffement climatique, sans compensation pour ceux qui ont besoin de leur voiture au quotidien, notamment pour aller travailler.

Autre exemple : la durabilité des mesures tient notamment à l'évitement d'un effet-rebond qui se traduirait par une augmentation et non une réduction de la demande en ressources. Dans le cas du textile, l'essor de la seconde main conduit pour le moment à un accroissement du nombre d'achats par personne, plutôt qu'à une diminution de la demande. Selon une étude de l'Ademe (2022c), 86 % des Français estiment que la seconde main permet d'acheter plus d'articles pour moins cher.

Figure 2.2 — Analyse des études de cas à l'aune des trois piliers identifiés

Études de cas	Faisabilité	Acceptabilité	Durabilité
Réduction de la masse de la voiture	• Compétitivité : permettre le maintien en France d'une industrie automobile compétitive et sobre en ressources. • Impact sur l'emploi : éviter que l'électrification de la mobilité ne se traduise en pertes d'emplois importantes. • Enjeu économique : trouver de nouvelles sources de recettes pour l'État pour compenser la diminution des taxes sur les carburants fossiles.	• Équité : permettre aux plus précaires dépendant de la voiture de se déplacer, encourager les ménages les plus aisés à adopter des véhicules plus sobres. • Désirabilité : encadrer la publicité autour des véhicules les moins sobres et faire évoluer l'imaginaire collectif autour de la voiture, objet statutaire associé à la liberté et à la réussite sociale.	• À long terme : donner de la visibilité aux constructeurs automobiles. • Cohérence : développer une politique globale des mobilités permettant de proposer une alternative à la voiture individuelle.
Réduction des consommations d'eau potable des ménages	• Enjeu économique : trouver un modèle de financement pérenne des services publics de l'eau face à la diminution de la ressource. • Besoins techniques : installer des compteurs individuels pour permettre les mesures de consommation d'eau par foyer ; permettre le partage des données détenues par les administrations sociales aux services publics de l'eau.	• Équité : s'assurer que les plus précaires et les foyers nombreux bénéficient de mesures compensatoires ; associer les EPCI dans la mise en place de la tarification progressive. • Désirabilité : faire évoluer l'image de l'eau comme une ressource abondante.	• Cohérence : cibler les différents usages de l'eau de la ressource ; associer la sobriété à des mesures de réfection des réseaux d'eau.
Réduction de la consommation de textile neuf	Enjeu économique : profiter d'une véritable opportunité économique de créer des filières de textile non neuf qui soient créatrices d'emplois locaux ; accompagner la filière de textile neuf française déjà fragilisée.	• Équité : s'assurer que l'offre de textile reste accessible à tous. • Désirabilité : faire évoluer les représentations autour du textile, pour sortir d'une logique de possession/surconsommation.	• Effet-rebonds : éviter que la consommation de seconde main ne s'ajoute à celle de textile neuf.

Trois études de cas illustratives d'une politique de sobriété

Nous avons choisi d'illustrer la démarche que nous proposons à travers trois études de cas concrètes, fondées sur des évolutions actuelles de la législation : la réduction de la masse de la voiture, la réduction de la consommation d'eau potable des ménages et la réduction de la consommation de textile neuf (voir figure 2.3 ci-contre). Ces études de cas, choisies pour leur diversité, découlent donc d'une volonté politique explicite de réduire la consommation d'une ou plusieurs ressources. Nous avons par ailleurs souhaité retenir des cas englobant des ressources, des types de sobriété, des échelles, des leviers de mise en œuvre et des problématiques différents.

Ces études de cas sont développées en annexe (annexes 1 à 3). Nous en rapportons ici les principaux enseignements, auxquels nous ajoutons quelques recommandations s'appuyant sur les leviers classiques à disposition de l'action publique.

Figure 2.3 — Aperçu des études de cas

	Réduction de la masse de la voiture	**Réduction de la consommation d'eau potable des ménages via la tarification progressive**	**Réduction de la consommation de textile neuf**
Ressources impactées	• Matières premières pour la fabrication de véhicules (aluminium, platine…) et des batteries (nickel, cobalt, lithium, graphite…). • Énergie pour la fabrication et l'usage des véhicules.	Eau potable.	• Terres pour les cultures de matières premières. • Matériaux pour la fabrication. • Eau et énergie pour la production textile.
Type de sobriété*	Dimensionnelle.	Structurelle.	D'usage.
Objectif	Diminuer la demande en matériaux et en énergie associée à la fabrication et à l'utilisation du véhicule, pour réaliser le même usage (se déplacer).	Encourager la réduction de la demande en eau potable des ménages grâce à un signal prix.	Réduire la demande en vêtements neufs bas de gamme.
Indicateur de suivi	Masse moyenne des voitures neuves vendues en France.	Volume d'eau potable consommée par Français par an.	Volume de textile consommé par les Français en une année.
Principaux acteurs concernés	• Constructeurs automobiles. • Acheteurs de voitures neuves.	• Collectivités. • Foyers payant des factures d'eau.	• Filière textile • Consommateurs.
Principaux leviers mobilisés	• Contrainte réglementaire (offre). • Signal prix (demande).	Signal prix (demande).	• Information donnée au consommateur (demande). • Dispositif fiscal à destination des producteurs (offre).
Principal enjeu	Adapter l'appareil industriel à une offre plus sobre tout en assurant sa compétitivité.	Assurer la pérennité du financement des services publics de l'eau en lien avec les collectivités.	Changer les comportements de consommation tout en luttant contre les effets-rebonds.

(*) En reprenant la catégorisation proposée par négaWatt (voir encadré, chapitre 1).

Encourager les ventes de petits véhicules électriques

Cette étude de cas est une bonne illustration de la façon dont une politique de sobriété axée sur la demande peut encourager la transformation de l'offre. Il s'agit ici, dans un contexte d'électrification des véhicules, d'encourager l'achat de véhicules plus petits et financièrement plus accessibles.

Un marché de véhicules très consommateurs de matériaux

L'automobile est depuis plusieurs années l'objet d'un effort soutenu de réglementation européenne en faveur d'une réduction des émissions de CO_2 et de polluants. Et pour cause : rien qu'en France, les véhicules particuliers représentent la moitié des émissions de gaz à effet de serre (GES) imputables au secteur des transports, qui est le plus émetteur en France[18].

Néanmoins, si la réglementation s'est bien accompagnée d'une amélioration des moteurs, en France comme en Europe, la masse des voitures vendues a elle augmenté de 30 % ces 30 dernières années[19]. Cela s'explique d'une part par la hausse du nombre d'équipements de sécurité rendus obligatoires par la réglementation et, d'autre part, par l'évolution de l'offre en faveur de véhicules plus spacieux, tels que les SUV. En 2023, plus d'une voiture sur deux vendues en Europe appartenait à la famille des SUV. La France n'échappe pas à cet engouement puisque les ventes de SUV ont encore progressé de près de 20 % en 2023, pour représenter 46,6 % des immatriculations de véhicules neufs[20]. Or, ces voitures émettent 20 % de CO_2 de plus que les berlines en raison de leur poids plus élevé et de leur faible efficacité aérodynamique.

Même si l'interdiction de vente des véhicules thermiques neufs à compter de 2035, prévue par la réglementation européenne, doit permettre la décarbonation du parc automobile, son électrification pose d'autres

18 – Le transport représentait 28,7 % des émissions de GES en France en 2020, selon les données du ministère de la Transition écologique (2022).

19 – D'après le site Car Labelling de l'Ademe.

20 – Source : AAA Data.

problèmes pour l'environnement. D'une part, les émissions de CO_2 par véhicule vont en partie se déplacer depuis la phase d'usage, pour les véhicules thermiques, à la phase de fabrication, qui représente 75 % de l'empreinte carbone des véhicules électriques (European Climate Foundation, 2017). D'autre part, les batteries électriques engendrent un besoin accru en matériaux, notamment en nickel et en cobalt, raffinés principalement en Chine. Le risque est donc de remplacer notre dépendance au pétrole par une dépendance aux métaux, dans un contexte géopolitique instable et risqué pour notre industrie. D'ailleurs, l'attrait grandissant pour les SUV se vérifie aussi chez les acheteurs de véhicules électriques. Or, les SUV électriques « consomment trois fois plus de cuivre et d'aluminium et cinq fois plus de lithium, de nickel et de cobalt qu'une petite citadine électrique », calcule une étude de l'ONG WWF, rappelant que ces métaux sont jugés « critiques ». Enfin, les véhicules électriques occasionnent également un besoin accru en électricité, dans un contexte d'électrification globale de nos usages (industrie, logement, transports, etc.) pour assurer la décarbonation de notre économie.

Orienter le marché vers les petits véhicules

Si l'allègement des véhicules est toujours une voie à explorer pour réduire leur consommation, cela ne représente pas une solution suffisante. D'un point de vue écologique, cela ne permet pas de réduire le volume de matériaux à utiliser ; et, d'un point de vue économique, sans économies d'échelle importantes sur l'utilisation de certains matériaux (comme l'aluminium) et de certaines technologies, les prix des véhicules risquent d'être trop élevés pour une partie du marché.

Une solution complémentaire réside donc dans l'orientation des achats en faveur de petits véhicules électriques. D'après une étude réalisée par l'ONG T&E (2023), la demande en matières premières liée à la production de batteries électriques sera 200 fois plus élevée en 2050 qu'en 2022 avec le même profil de véhicules vendus. Or, d'après les projections de T&E, réduire la taille des batteries grâce à la fabrication de véhicules électriques plus petits serait le moyen le plus efficace de réduire la demande de métaux (de -19 à -23 %, selon les métaux).

Défis pour l'action publique

Au moment d'activer une politique de sobriété dans le domaine automobile, le décideur public se trouve face à plusieurs défis. Le principal consiste pour lui à mettre au point une vision complète et partagée, permettant notamment de donner de la visibilité à long terme aux constructeurs. En effet, le cycle de développement de nouveaux véhicules est long et les investissements sur les lignes d'assemblage se font sur plusieurs années. Or, en France, si la filière automobile a bien entamé sa mutation avec l'implantation de quatre usines de batteries électriques (opérationnelles ou en construction) et de nombreux projets en lien avec l'électrification des véhicules, la production est peu orientée vers les petits véhicules. Parmi les véhicules électriques produits en France, la Renault Zoe est la seule citadine[21]. En 2024, la Renault R5 électrique devrait remplacer la Zoe et être produite à Douai, mais elle pourrait être la seule petite voiture du groupe produite en France. Chez Stellantis, la production électrique française devrait également se concentrer sur des modèles plus gros, comme la Peugeot 308 et les SUV électriques[22] (la citadine C3 électrique sera fabriquée en Slovaquie). L'exécutif se trouve donc face à un choix : il ne pourra pas maintenir la production automobile en France et encourager à l'achat de petits véhicules électriques au nom de la sobriété sans contribuer à la solvabilisation de ce segment d'une manière ou d'une autre.

À cela s'ajoute un enjeu économique pour l'État, puisqu'il reste dépendant des ressources fiscales liées aux carburants (la TICPE et la TVA ont rapporté 40 milliards d'euros en 2022[23]). Non seulement l'électrification menace cette source de revenu, mais elle s'accompagne également

---

21 – Sont aussi produites les Citroën DS3, Opel Mokka, Renault Megane et Renault Kangoo électriques.

22 – Stellantis a annoncé la production de 12 modèles électriques en France. À Mulhouse : Peugeot e-308 berline, e-308 SW et e-408. À Poissy : nouvelle DS 3 E-TENSE et Opel Mokka Electric. À Rennes : le futur SUV électrique de Citroën. À Sochaux : Peugeot e-3008 et e-5008. À Hordain : Peugeot e-Expert, Citroën e-Jumpy, Opel et Vauxhall Vivaro-e, Fiat e-Scudo (et Toyota Proace Electric).

23 – Source : *BFMTV*, émission du 16 novembre 2022, Combien rapporteront les taxes de carburant cette année ?.

de dépenses supplémentaires significatives (bonus écologique, besoin en bornes de recharge, financement du leasing social...).

Il s'agit enfin, pour les acteurs en charge de cette politique, de faire évoluer l'imaginaire autour de la voiture, afin que les véhicules plus petits deviennent désirables, notamment auprès des foyers les plus aisés. Cela peut prendre la forme d'une régulation de la publicité autour des grosses voitures. Cette vision doit également inclure le cas des personnes en situation précaire et dépendantes de la voiture.

Recommandations

Face à ces défis, notre étude de cas aboutit à deux recommandations, qui portent uniquement sur le véhicule électrique, amené à dominer le marché automobile.

La première, au niveau français, consiste à étendre aux véhicules électriques le malus au poids aujourd'hui appliqué aux véhicules thermiques neufs[24]. Le plafond de masse pourrait être abaissé à 1 400 kg, moyennant un abattement de 300 kg pour compenser la masse de la batterie. Cela permettrait de réduire les émissions de GES tout en compensant pour l'État la perte de revenus liés aux carburants fossiles. Ce type de mesure a été appliquée de façon plus drastique encore au Japon puisque cela a pris la forme de taxes annuelles sur la masse et la cylindrée. Or, ces taxes ont permis l'émergence de petites voitures, les kei-cars, qui représentent aujourd'hui 40 % des ventes (Meunier, 2019). À noter que le bonus écologique s'applique également aux voitures particulières électriques ayant une masse inférieure à 2,4 tonnes. Ce bonus intègre depuis fin 2023 un score environnemental, qui prend en compte l'approvisionnement en matières premières, la production de la batterie, l'assemblage et le transport du véhicule. Ces différents critères favorisent indirectement une production européenne de petits véhicules électriques.

---

24 La taxe sur la masse en ordre de marche, ou malus au poids, frappe les ventes de voitures thermiques neuves les plus lourdes depuis 2022. Cette taxe progressive, et calculée au kilo au-dessus d'une certaine limite, s'ajoute au malus CO_2.

La seconde recommandation, cette fois au niveau européen, consiste à intégrer au récent règlement batterie une obligation de réduction des émissions de GES, en cycle de vie des voitures par constructeur, décroissante au fil du temps. Cette mesure permettrait à la fois de diminuer les émissions de CO_2 associées à la fabrication des véhicules électriques, mais aussi de réduire les besoins en métaux qui en découlent et notre dépendance à l'égard des pays producteurs et raffineurs de matières premières. Les constructeurs disposent de différentes stratégies pour diminuer l'empreinte carbone des véhicules : la réduction de la masse, le choix du lieu de production (dont dépend l'utilisation d'une énergie plus ou moins carbonée), la chimie de batterie utilisée ou encore l'incorporation de matériaux recyclés, nous a expliqué Jean-Philippe Hermine, coordinateur de l'initiative mobilité en transition à l'Iddri.

Réduction des consommations d'eau potable

Le risque de pénurie d'eau potable accentué par un système de financement qui chavire

Le financement du secteur de l'eau repose sur un principe : « l'eau paie l'eau ». En clair : les usagers supportent, par leurs factures, les dépenses liées à la gestion de l'eau qu'ils consomment (traitement, distribution, stockage, assainissement, etc.). Autrement dit, le budget des communes et des établissements publics de coopération intercommunale (EPCI)[25] pour les services de l'eau et de l'assainissement doit être autonome, les recettes équilibrant les dépenses. S'ajoutent, sur la facture, des redevances perçues par les agences de l'eau pour la préservation des ressources en eau, la lutte contre la pollution, la modernisation des réseaux d'assainissement. Elles sont elles aussi collectées auprès des usagers, selon le principe du pollueur-

25 – Les établissements publics de coopération intercommunale (EPCI) sont des structures administratives permettant à plusieurs communes d'exercer des compétences en commun. Depuis la loi NOTRe de 2015, qui a instauré une nouvelle organisation territoriale de la République, les EPCI sont responsables des compétences « eau et assainissement ».

payeur. Mais, dans un contexte marqué par la réduction de la ressource en eau et par le mauvais état des réseaux d'eau, « l'équation financière devient critique », souligne un rapport d'information du Sénat publié en juillet 2023. « Les recettes annuelles issues de la facturation, de l'ordre de 14 milliards d'euros, permettent de couvrir les dépenses d'exploitation mais non l'ensemble des dépenses d'investissement du petit cycle [de l'eau][26]. Les redevances perçues pour les agences de l'eau (2,2 milliards d'euros) sont par ailleurs insuffisantes », indique ce rapport. Comment organiser par conséquent la pérennité du financement des services publics de l'eau ?

Figure 2.4 — La consommation d'eau douce

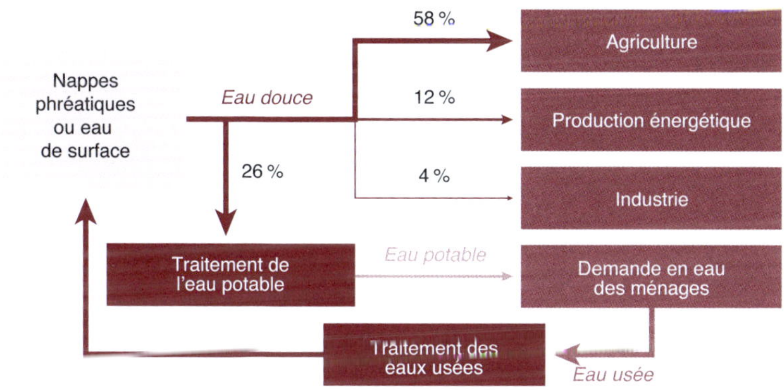

Source : dossier de presse « 53 mesures » du gouvernement, de mars 2023.

Note : L'eau douce est consommée, c'est-à-dire prélevée dans le milieu mais non restituée, par l'agriculture (58 %), la production d'eau potable (26 %), la production énergétique (12 %) et l'industrie (4 %). Les tensions sur la ressource en eau sont fréquentes, amenées à le devenir davantage encore avec le changement climatique, et entrainent des controverses parfois violentes, à l'instar du débat autour des méga-bassines à Sainte-Soline, dans les Deux-Sèvres.

26 – Le petit cycle de l'eau désigne le parcours de l'eau depuis son pompage jusqu'à son rejet dans le milieu naturel après avoir été consommée par l'être humain. Ce cycle comprend donc l'eau potable et les eaux usées.

Défis pour l'action publique

Le 30 mars 2023, lors de la présentation du plan eau, le président Emmanuel Macron a dit souhaiter la généralisation d'une « tarification progressive et responsable » de l'eau potable (qui représente 26 % de la consommation d'eau douce, voir figure 2.4), déjà expérimentée localement[27]. Celle-ci consiste à moduler le prix du m^3 d'eau par tranche de consommation, les plus hautes étant les plus chères. Son but est à la fois écologique, en diminuant la consommation d'eau grâce au signal-prix, et social, avec une redistribution de revenus des plus gros consommateurs vers les plus petits. La communauté urbaine de Dunkerque a été pionnière en la matière, dès 2012, en définissant trois tranches d'eau : l'eau essentielle, l'eau utile et l'eau de confort. L'expérimentation a été un succès puisque la consommation annuelle des ménages a globalement diminué de 10 %. L'objectif social a également été atteint, puisque la consommation des petits consommateurs a augmenté de 11 % quand celle des plus gros a diminué de 13 %, nous a précisé Fabrice Mazouni, directeur général du syndicat des eaux du Dunkerquois.

Il est donc possible de réduire la consommation d'eau potable grâce à un outil de sobriété éprouvé, et nous recommandons sa généralisation, mais son efficacité à l'échelle nationale dépend de la capacité des pouvoirs publics à prendre en compte trois éléments fondamentaux.

Le premier est l'évolution des représentations : le signal-prix doit permettre une prise de conscience collective du fait que l'eau, aujourd'hui perçue comme une ressource abondante, présente en réalité des situations de rareté.

Le deuxième est l'équité : la tarification progressive ne peut pas peser sur les plus vulnérables, notamment sur les foyers nombreux ou précaires. Cela nécessite un partage de données avec les administrations sociales pour compenser les plus vulnérables, les foyers les moins aisés ou les plus nombreux.

---

27 – Arras, Bordeaux, Dunkerque, Libourne, Montpellier, Niort ou encore Rouen ont mis en place une tarification progressive de l'eau.

Le troisième est le modèle économique de l'eau : le budget du service public d'eau et d'assainissement doit être équilibré et assuré par les redevances de ses usagers. La tarification progressive implique notamment des coûts importants de mise en place, liés par exemple à la nécessité d'avoir des compteurs d'eau individuels pour chaque foyer. Elle bouleverse le modèle économique classique.

Réduction de la consommation de textile neuf

Une forte empreinte environnementale

Le secteur du textile demande des ressources importantes, tout au long du cycle de vie des produits. Plus des deux tiers d'entre elles sont mobilisées lors des deux premières étapes de fabrication, que sont la fabrication matière (filature, tissage, teinture…) et l'assemblage industriel (Quantis, 2018). En amont, on peut citer le besoin en terres et en pesticides pour produire des fibres de coton, ou encore en pétrole pour produire des fibres de polyester. En aval, l'utilisation des produits textiles entraîne également la consommation de ressources : par exemple, 12 % de l'eau potable utilisée chaque année par les ménages français sert à faire tourner la machine à laver[28]. Enfin, lorsqu'il est considéré « en fin de vie », le textile usagé est traité comme un déchet. La production et la consommation de textiles ont donc des impacts environnementaux importants, puisqu'elles génèrent des émissions de GES et des consommations de ressources. Fabriquer et consommer moins de textiles neufs permettrait de réduire ces demandes en ressources et les impacts environnementaux associés.

Une voie consiste naturellement à améliorer les processus de fabrication pour qu'ils soient moins gourmands en ressources, par exemple en produisant des textiles éco-conçus incorporant des matières recyclées, issues de l'agriculture biologique, etc. Cependant, les marges de manœuvre

---

28 – D'après l'infographie « La Mode sans dessus dessous », réalisée par l'Ademe (2023).

pour agir en ce sens sont limitées en France, compte tenu de la structure actuelle de l'offre de textile. La production mondiale a bondi ces dernières années, notamment du fait de l'essor de la *fast fashion*, dont les sites de fabrication se trouvent principalement dans les pays asiatiques. Ainsi, la France importe 97,5 % de son offre de textile. Il serait illusoire de tenter d'agir à court terme sur les modes de production et les mix énergétiques de la Chine, du Bangladesh ou de l'Inde. Pour réduire la pression sur les ressources et favoriser la sobriété, il est donc indispensable d'encourager une consommation raisonnée et l'achat de vêtements non neufs (réparés, réutilisés, recyclés).

Or, cela ne correspond pas à la tendance de la demande observée ces dernières années. En réduisant très fortement leurs prix, en multipliant les canaux de distribution, en augmentant le nombre de références et de collections dans les enseignes et en utilisant des pratiques commerciales agressives de soldes ou de *greenwashing*, l'industrie de la *fast fashion* a contribué à faire du textile un « consommable », qu'on peut acheter et jeter rapidement, pour le remplacer immédiatement. La consommation de textile a ainsi été multipliée par deux au cours des trente dernières années en France, tandis que la durée d'utilisation a fortement diminué (Oxfam, 2022).

Se pose en outre un problème d'effet-rebonds : une étude de 2020 (Patwary, 2020) révèle que l'offre de seconde main se substitue à hauteur de 45 % en moyenne pour les consommateurs européens à l'achat de vêtements neufs[29]. Aujourd'hui, donc, l'offre de seconde main ne se substitue pas entièrement au neuf et n'infléchit pas les modes de consommation au profit d'une plus grande sobriété.
Si on se débarrasse rapidement de nos textiles, pourquoi n'arrive-t-on pas à utiliser ce gisement énorme jeté chaque année[30] ? Plusieurs raisons peuvent l'expliquer. La première est économique : le prix de la réparation

29 – En moyenne, l'achat de 100 vêtements de seconde main réduit la demande de 45 articles neufs.

30 – Plus de 35 % des vêtements mis en vente en France sont jetés chaque année, d'après le rapport d'activité 2021 de Refashion.

est bien souvent supérieur à celui du neuf, ce qui n'incite pas à adopter des modes de consommation plus sobres. La deuxième est structurelle : comme il n'y a pas de barrières à l'exportation des textiles non neufs, souvent envoyés en Asie ou en Afrique, la création de filières locales de textile non neuf n'est pas priorisée. Enfin, la troisième raison est sociétale : même si la seconde main gagne en popularité grâce à l'apparition de plateformes comme Vinted – largement plébiscitée par les Français – l'achat de textile neuf demeure un enjeu statutaire, notamment pour certaines populations moins favorisées, qui prennent un risque plus important lorsqu'elles allouent leur budget à des vêtements peut-être moins qualitatifs ou qui pourraient les enfermer dans une certaine image sociale (Wera, 2018).

Le secteur du textile et ses conséquences sur l'environnement

- 1,2 milliard de tonnes de gaz à effet de serre sont émises chaque année en moyenne par le secteur du textile.
- Pour confectionner un jean, il faut en moyenne 7 500 litres d'eau, soit l'équivalent de toute l'eau bue par un être humain pendant 7 ans.
- Bien que la superficie cultivée en coton ne couvre que 3 % des terres agricoles de la planète, elle utilise 16 % de tous les insecticides consommés dans le monde.
- 20 % de la pollution des eaux industrielles dans le monde proviendrait du traitement et de la teinture du textile.
- Rejetées au cours du lavage de nos vêtements, un demi-million de tonnes de microplastiques finissent chaque année dans les océans, soit l'équivalent de 50 milliards de bouteilles.
- Un camion benne de textiles est mis en décharge ou incinéré toutes les secondes dans le monde.

Source : Oxfam (2022).

Défis pour l'action publique

Pour mettre en place une politique de sobriété qui réduise la consommation de ressources liées au textile, l'action publique doit résoudre un certain nombre de défis. Entre autres, réduire la consommation de textile neuf implique de peser drastiquement sur la demande, l'essentiel de l'offre étant hors de portée et l'imposition de fortes barrières à l'entrée sur les importations étant difficilement envisageable dans le respect des règles de l'organisation mondiale du commerce (OMC). Or toute évolution envisageable de la demande porte avec elle des questions liées aux représentations et aux normes sociales. Comment peut-on s'assurer que la consommation de textiles non neufs devienne plus désirable et acceptable ?

En outre, en cas de succès, il faut pouvoir proposer une offre accessible à tous. Or, les filières de textile non neuf sont encore trop limitées en

France. Encourager et accélérer leur développement peut demander des soutiens financiers et logistiques ciblés. Le défi, à court terme, est d'anticiper les impacts de telles mesures sur l'industrie textile française, existante mais fragile. Il y a donc un véritable enjeu technico-économique dans l'accompagnement de l'offre française, afin qu'elle gagne elle aussi à l'extension des pratiques de sobriété.

Le troisième enjeu majeur est d'éviter un effet-rebond. Le développement d'une offre de textiles non neufs n'aura absolument aucun résultat environnemental à long terme si elle ne se substitue pas à l'offre de textile neuf existante.

Recommandations

En décembre 2023, le Parlement et le Conseil européens sont parvenus à un accord pour interdire la destruction des vêtements neufs invendus et renforcer l'écoconception de nombreux biens de consommation. Cet accord prévoit par ailleurs la création d'un « passeport numérique », sous la forme d'un QR Code, contenant des informations qui permettront aux consommateurs et aux entreprises de connaître l'incidence de leurs achats sur l'environnement. Le ministère de la Transition énergétique et l'Ademe travaillent déjà sur cette sorte de « nutriscore » environnemental, baptisé en France Ecobalyse, cette obligation d'information des consommateurs étant inscrite dans la loi AGEC. Cependant, les critères actuellement pris en compte conduisent simplement à mieux noter les textiles éco-conçus par rapport aux textiles neufs importés ; ils ne tiennent donc pas suffisamment compte des enjeux de sobriété. L'inclusion des deux critères de réparabilité et de durabilité nous semble à cet égard essentielle.

La deuxième recommandation consiste à faire évoluer le Crédit d'impôt collection, qui constitue actuellement en un soutien financier aux entreprises pour renouveler leurs collections (et donc augmenter le nombre de références), en le conditionnant à des critères de sobriété, comme le développement d'un système de réparation.

Chapitre 3

Rendre la sobriété désirable

L'acceptation de mesures collectives de sobriété, comme le désir de consommation, ne dépend pas uniquement d'éléments rationnels. Il faut donc s'attarder ici sur les représentations qui en freinent l'adhésion.

Éviter la perception d'une contrainte

Les politiques de sobriété peuvent être perçues comme « liberticides » par les citoyens. En témoignent les réactions aux mesures mises en place pour lutter contre la pandémie de Covid-19 (confinement, limitation des déplacements, application de suivi des malades) et celles à des mesures parfois suggérées pour réussir la transition écologique (interdiction des jets privés[31], limitation des trajets en avion[32], etc.), qui ont chaque fois relancé le débat sur le respect des libertés individuelles et la place de la contrainte dans les politiques publiques.

Un second frein à l'acceptation de ces politiques est le sentiment d'injustice qu'elles peuvent faire naître chez certains, déplorant que les efforts soient toujours demandés aux mêmes. Ce sentiment d'injustice peut être alimenté par des contradictions ou des manques de cohérence perçus dans les différentes politiques publiques, par exemple en cas de mesures de rationnement d'eau pour les particuliers en été alors que les golfs continuent d'être arrosés. L'État a ici un rôle à jouer pour s'assurer que l'ensemble des acteurs sont mobilisés et que chacun contribue à l'effort commun.

31 – En avril 2023, le député EELV Julien Bayou a présenté une proposition de loi visant à interdire les vols en jets privés, qui n'a pas été adoptée.

32 – L'ingénieur Jean-Marc Jancovici, fondateur et président du think tank The Shift Project, a proposé de limiter à quatre le nombre de trajets en avion par personne dans une vie.

Faire évoluer les normes sociales

Toutefois, l'évolution des normes sociales peut entraîner un changement de comportement des consommateurs (Pommeret *et al.*, 2023), et amener ainsi un collectif de citoyens à se comporter de manière sobre avant l'occurrence de toute réglementation coercitive.

Aujourd'hui, la publicité encourage plutôt le consumérisme et ne se cache pas de chercher à influencer nos comportements. Elle incite volontiers à consommer au-delà de besoins réels et valorise même le rôle social et statutaire de la consommation, ce que Thorstein Veblen (1979) qualifie de « consommation ostentatoire ». Alors que les citoyens sont en permanence confrontés à des messages publicitaires, la dissonance cognitive entre ces incitations à consommer et la nécessité de réduire la demande constitue un blocage immédiat à la mise en place d'un ensemble cohérent de mesures de sobriété.

Il est donc essentiel que la communication commerciale n'entre pas en dissonance avec la communication autour de la sobriété collective, et qu'elle s'y articule au contraire avec une forme de cohérence. Cela peut passer, d'une part, par une réduction quantitative de la publicité et des incitations à la surconsommation, d'autre part, par un encadrement du contenu des messages publicitaires à l'instar de ce qui a été réalisé dans le cadre de la lutte contre le tabagisme (lois Veil en 1976 puis Evin en 1991). Les messages ciblés sur les méfaits du tabac ont conduit à un changement des représentations et à une dénormalisation du tabac, en particulier auprès des jeunes (Sanfourche, 2014).

Le renforcement de la réglementation en matière de communication publicitaire a déjà fait l'objet de plusieurs propositions et textes de loi. Ainsi, la loi Climat et Résilience du 22 août 2021 interdit la publicité pour les énergies fossiles et institue les contrats climats, souscrits volontairement par les entreprises, pour réduire les publicités relatives à des biens et services ayant un impact négatif sur l'environnement. Aller plus loin impliquerait sans doute une remise en cause assez profonde du modèle économique de la publicité, de l'écosystème médiatique dans lequel elle s'insère et plus largement des modèles d'affaires basés sur la consommation.

Le « nudge », une aide peu coûteuse aux changements de comportement

Pour rendre désirable un avenir sobre, il importe également qu'en soient identifiés les bénéfices sociaux et sociétaux, et probablement que soit instauré un nouveau rapport au temps et à l'espace, ce qui peut entrer en contradiction avec les mécanismes psychologiques et sociaux qui orientent nos choix individuels et collectifs. Par exemple, certains modèles plus sobres comme les plateformes de partage d'équipement se heurtent à la valorisation de la propriété individuelle, le consommateur attribuant souvent plus de valeur à un objet qui lui appartient qu'à un objet partagé (Murphy, 2023 ; Thaler, 1980). Cette valorisation par la possession a d'ailleurs été identifiée par l'Ademe comme l'un des obstacles importants à la réalisation du scénario le plus sobre, « Génération frugale » (Ademe, 2021).

C'est précisément l'objectif du *nudge* que de s'appuyer sur la psychologie des individus, en exploitant leurs biais cognitifs et émotionnels pour faire évoluer leur comportement. Cette technique de persuasion[33], déployée généralement dans les espaces publics, permet d'inciter les individus à prendre des décisions pour eux-mêmes et pour la collectivité. Par exemple, pour inciter les fumeurs à ne plus jeter leurs mégots par terre, certaines villes ont installé des « cendriers de sondage » proposant par exemple de voter, tout en déposant son mégot, pour le « meilleur joueur de foot entre Ronaldo et Messi ».

Le concept de *nudge* pourrait être un outil peu coûteux à déployer par les pouvoirs publics pour inciter à la sobriété. De nombreuses expériences ont déjà été menées sur ces « nudges verts ». On peut citer celle rappelée par le Centre d'analyse stratégique (devenu France Stratégie) dans une note d'analyse sur ce sujet (2011) : « Le psychologue social Robert Cialdini a mené une expérimentation qui illustre comment le développement

33 – Cette théorie a été popularisée par les économistes Richard Thaler (prix Nobel d'économie pour ce travail) et Cass Sunstein dans le livre *Nudge - La méthode douce pour inspirer la bonne décision*.

de comportements plus économes en eau peut reposer sur des modifications au coût minimal. Celle-ci consistait à indiquer, dans la salle de bains d'un hôtel, le pourcentage de clients ayant réutilisé les serviettes au lieu de les faire changer tous les jours. Résultat : 44,1 % des clients ont réutilisé leurs serviettes contre 35,1 % lorsque la statistique, arbitrairement choisie et volontairement élevée (75 %), n'était pas communiquée au client. »

Rapprocher la décision de ceux qui vont être concernés

Par ailleurs, le rôle joué par l'État ne doit pas occulter celui des collectivités ; notre étude de cas sur l'eau le montre bien. Ce sont les collectivités, implantées sur l'ensemble du territoire et plus proches des citoyens, qui déclinent et implémentent les politiques publiques nationales à leur échelle et qui sont en première ligne dans la gestion de crise.

Les initiatives de mise en œuvre de la sobriété évoquées précédemment (dans la Communauté de communes des crêtes pré-ardennaises et la démarche TEPOS de négaWatt…) fonctionnent car il s'agit de communautés de citoyens sensibilisés et engagés, directement concernés voire impliqués dans les décisions prises. Un autre exemple éloquent est celui de la métropole de Nantes, qui a récemment adopté un règlement local de publicité métropolitain, dont le but est de limiter fortement la place des dispositifs publicitaires dans l'espace public : interdiction de la publicité sur 70 % du territoire, interdiction des grands panneaux de publicité, extinction des panneaux publicitaires entre minuit et 6 heures du matin, etc. Les différentes parties prenantes (citoyens, communes, professionnels, entreprises, …) ont été consultées et associées aux décisions, notamment pendant la concertation et l'enquête publique. Le rapprochement des décisions des acteurs directement concernés permet de rendre les mesures plus acceptables.

Garantir une perception collective et juste des efforts

Impulser une dynamique par l'État

Les politiques publiques contribuent de manière significative aux changements de comportement, que ce soit dans la création de la première occurrence ou dans la pérennisation et le renforcement des comportements de sobriété, expliquent en substance Jean-Noël Geist, responsable affaires publiques, et Nicolas Raillard, directeur de projet au Shift Project.

Cela entraîne pour la puissance publique un devoir d'exemplarité, qui a été « sacralisé » lors de la crise énergétique, notamment par une circulaire dédiée[34] et des mesures adressées spécifiquement aux agents publics (par exemple, la limitation de la vitesse sur autoroute à 110 km/h pour les fonctionnaires qui conduisent un véhicule professionnel). Toutefois, l'effet d'entraînement réel de ces dispositions reste limité et il convient désormais de renforcer cette exemplarité.

Pour soutenir l'émergence de filières plus sobres, l'action publique dispose d'une force de frappe importante à travers la commande publique, qui représente 8 % du PIB[35]. Or, le dernier plan national pour des achats durables, qui porte sur la stratégie concernant les achats publics, ne mentionne pas explicitement le terme de sobriété. La prise en compte des enjeux environnementaux se limite principalement à l'élaboration de guides et d'outils qui considèrent l'ensemble de vie des produits et services, mais dont la méthodologie reste encore à définir. Ces guides et outils ne sont donc pas disponibles pour le moment. Les principaux freins à la prise en compte de la sobriété dans les achats publics identifiés par Emma

---

34 – Circulaire n° 6363-SG du 25 juillet 2022 relative à la sobriété énergétique et à l'exemplarité des administrations de l'État.

35 – Source : direction des affaires juridiques du ministère de l'Économie, des Finances et de la Relance. (2021)

Pianetti, chargée de mission au Commissariat général au développement durable et directrice du projet « services publics écoresponsables », sont le manque d'argent, le manque de moyens humains (pour animer une communauté pratiquant le covoiturage par exemple), le manque de formation pour comparer les offres du point de vue environnemental et l'absence de solution existante dans le catalogue des achats publics.

Affirmer la confiance et la cohérence

Plus que les représentations de long terme, qui sont autant d'invitations à adhérer dès à présent à la mise en œuvre de la sobriété, c'est surtout la dynamique d'entraînement collectif qui est difficile à mener : « pourquoi serais-je le seul à réduire mes consommations alors que les autres ne le font pas ? ». Il est donc important d'appuyer la dimension symbolique de certaines mesures. Le buzz médiatique de l'interdiction des jets privés – qui n'a pas été entérinée – en est une bonne illustration.

C'est aussi ce qui a été constaté lors de l'hiver 2022-2023, avec la mise en œuvre de mesures symboliques. Il est en effet difficile de demander aux gens de faire attention à leur consommation en éteignant la lumière ou en modérant le chauffage, si le décideur public maintient dans le même temps les grands éclairages publics ou les écrans publicitaires. Selon Nicolas Goldberg (2022), les mesures symboliques à vocation pédagogique envoient un signal positif de confiance entre les institutions et les citoyens. Bien souvent, elles ne suffisent pas à résoudre les tensions sur les ressources, mais elles démontrent l'urgence de la situation et encouragent l'adoption de comportements sobres en énergie. L'absence de considération pour ces dimensions a également pour effet d'entraîner des tensions, comme au cours de l'été 2022, où les arrosages des golfs et le remplissage des piscines privées sont devenus autant de boucs émissaires.

Le but est de transmettre un message clair en assurant une cohérence entre les discours et les actes, et surtout de démontrer une exemplarité des pouvoirs publics, insiste Emma Pianetti. Toutes ces initiatives ont finalement vocation à installer et consolider de nouvelles normes sociales au service de la sobriété.

S'assurer que les contraintes physiques sont perçues par tous

En outre, pour s'assurer que les contraintes physiques sur les ressources sont perçues de façon équivalente par tous les acteurs, et pas uniquement par les plus vulnérables directement impactés par les contraintes économiques qui résultent de la raréfaction (taxes, prix, normes, etc.), il est essentiel de mieux les matérialiser dans les représentations.

Au-delà des études prospectives qui ne parlent pas nécessairement à tous les publics, la littérature regorge de romans dystopiques, qui paraissent parfois plus vrais que nature, et qui pourraient être utiles pour compléter la frise chronologique des possibles futurs à la lumière de la perspective de sobriété. Pour ne citer qu'un ouvrage, *Ravage* de René Barjavel (1943), propose la vision d'un futur où l'électricité disparaît du jour au lendemain, laissant la société, anéantie par la soudaineté de la catastrophe, sombrer dans le chaos, privée d'eau courante, de lumière et de moyens de déplacement. Les œuvres audiovisuelles, comme le film *Demain*[36], la série *Extrapolations*[37] ou encore l'émission d'anticipation de BFMTV *2050, ouvrons les yeux* peuvent être de bons supports pour véhiculer des représentations de ce que pourrait être un monde où la mise en œuvre de la sobriété a été anticipée ou non.

---

36 – Film de Cyril Dion et Mélanie Laurent, sorti en 2015.

37 – Apple TV (2023). *Extrapolations*.

Le tout technologie n'est pas plus « désiré » qu'un changement de mode de consommation

L'Ademe a cherché à approfondir et à analyser la perception par les citoyens de la désirabilité, de la faisabilité, et des conditions de réalisation de chacun de ses quatre scénarios de son rapport de son rapport Transition(s) 2050, qui présente les moyens de conduire la France vers la neutralité carbone (Ademe, 2022a). Pour chaque scénario, un imaginaire est construit et permet aux citoyens interrogés de se prononcer sur les éléments qui leur semblent importants. Les résultats montrent qu'aucun des scénarios ne fait consensus en matière de désirabilité, et qu'aucun n'est complètement rejeté. Ce travail montre, d'une part, que l'on ne peut pas poser la question de la désirabilité sans rendre concrets et préhensibles plusieurs futurs possibles et, d'autre part, que les scénarios de décarbonation reposant en grande partie sur des technologies ne sont pas plus acceptables que ceux qui impliquent un changement de nos modes de consommation. Il a d'ailleurs abouti à cinq problématiques à mettre en débat, dont celle de la sobriété.

Conclusion

La sobriété a pris une place grandissante dans le débat public. Le président Emmanuel Macron s'en est lui-même emparé en 2022 pour appeler à une réduction de la consommation d'énergie, face au risque de tension sur les approvisionnements en gaz. Pour autant, ce terme aux définitions multiples séduit et passionne autant qu'il révulse et inquiète. En effet, bien que la sobriété soit reconnue par les experts comme un levier incontournable dans la lutte contre le réchauffement climatique notamment, les acteurs économiques et politiques, comme les citoyens, perçoivent en cette notion une menace de décroissance et de privation.

Comment, dans ce contexte, mettre en œuvre une politique publique de sobriété collective ? Certainement pas en continuant à promettre l'abondance tout en demandant des efforts de sobriété. Au contraire, il est urgent de chiffrer les conséquences matérielles de nos modes de vie pour rendre tangible l'intérêt de la sobriété. C'est la première étape de la démarche, à accompagner d'une stratégie et d'objectifs clairs. Il est ensuite essentiel de s'assurer que toute politique soit construite sur trois piliers complémentaires. Le premier est celui de la durabilité : l'État doit développer une vision de long terme, qui englobe l'ensemble des acteurs et des usages pour penser l'utilisation des différentes ressources de manière cohérente et totale. Le deuxième est celui de la faisabilité : sans nouveaux modèles économiques sobres et soutenables, la politique mise en place ne peut pas être pérenne. Le troisième est celui de l'acceptabilité : chaque mesure doit être articulée en amont à la justice sociale, et interagir avec des dispositifs de lutte contre les inégalités.

De ce dernier pilier de l'acceptabilité, découle celui de la désirabilité. En effet, renoncer n'est pas plaisant mais il est essentiel de rendre la sobriété désirable pour que les mesures de sobriété remplissent leur objectif. Cela doit passer par la construction collective d'un projet de société dans lequel sont prises en compte les conséquences de chaque acte sur l'ensemble des vivants. Selon Pierre Charbonnier (2019), le pacte implicite entre démocratie et croissance est aujourd'hui remis en question par le changement climatique. La libération de l'Homme des contraintes matérielles ayant été rendue possible par la domination de la nature, produire et consommer sont les corollaires des principes de liberté, notamment de la liberté d'entreprendre et de propriété privée. Cependant, cette conception se heurte aujourd'hui à des contraintes environnementales. Notre rapport à la nature doit donc être repensé pour préserver nos libertés. Si les liens entre décroissance et sobriété sont complexes, notre modèle économique et social doit être réinventé collectivement pour assurer sa pérennité dans le temps. En définitive, la sobriété doit faire l'objet de choix collectifs, qui nécessitent d'être débattus démocratiquement.

Bibliographie

Ademe (2017). L'épuisement des métaux et minéraux : faut-il s'inquiéter ?, direction économie circulaire et déchets – Ademe- Angers, Juin.
Ademe (2021). *Transition(s) 2050. Choisir maintenant. Agir pour le climat*, Rapport, https://librairie.ademe.fr/cadic/6531/transitions2050-rapport-compresse2.pdf

Ademe (2021a). *Étude des gisements et des causes des invendus non alimentaires et de leurs voies d'écoulement,* https://librairie.ademe.fr/dechets-economie-circulaire/5035-etude-des-gisements-et-des-causes-des-invendus-non-alimentaires-et-de-leurs-voies-d-ecoulement.html

Ademe. (2022). *Transition(s) 2050 — Feuilleton : les effets macro-économiques,* Rapport, https://librairie.ademe.fr/cadic/6940/feuilleton_macroeconomie_transitions2050_ademe.pdf

Ademe (2022a). Transition(s) 2050, *Choisir maintenant agir pour le climat, Feuilleton Modes de Vie, Analyse de la désirabilité, de la faisabilité et des conditions de réalisation des scénarios* https://librairie.ademe.fr/cadic/6939/feuilleton_modes_de_vie_transitions2050_ademe.pdf

Ademe (2022b). *Le revers de mon look. Quels impacts ont mes vêtements et mes chaussures sur la planète ?* https://librairie.ademe.fr/consommer-autrement/1524-revers-de-mon-look-9791029710520.html

Ademe (2022c). Les objets d'occasion : surconsommation ou sobriété ? https://librairie.ademe.fr/cadic/7505/objets_occasion_surconsommation_sobriete-rapport.pdf

Avant, G. R., & Knutsen, K. P. (1993). Understanding cultural differences : Janteloven and Social Conformity in Norway. *ETC: A Review of General Semantics, 50* (4), 449 – 460. http://www.jstor.org/stable/42577494

Barjavel, R (1943). *Ravage*, Éditions Denoël.

Brones, A. (2017). *Lagom : vivre mieux avec moins, la méthode suédoise*, Dunod.

Carbone 4 (2021). Découplage et croissance verte.

Caroom (2023). Les SUV les plus vendus en France en 2022 https://www.caroom.fr/guide/voiture-neuve/comment-choisir/carrosserie/suv/meilleures-ventes/en-2022

CDGG (2022). La mobilité bas-carbone : Choix technologiques, enjeux matières et opportunités industrielles, rapport, février, https://www.ecologie.gouv.fr/sites/default/files/rapport_cgdd_01_mobilite_bas_carbone_fevrier2022.pdf

Centre d'analyse stratégique (2011). « Nudges verts » : de nouvelles incitations pour des comportements écologiques, La note d'analyse, n° 216, Mars. https://strategie.archives-spm.fr/cas/system/files/2011-03-09-na-216-nudgesverts_0.pdf

Cézard, F., Mourad, M. (2019). Panorama sur la notion de sobriété – définitions, mises en œuvre, enjeux, Rapport, Ademe. https://librairie.ademe.fr/cadic/491/rapport-etat-lieux-notion-sobriete-2019.pdf?modal=false

Charbonnier, P. (2019). *Abondance et liberté,* La découverte.

Chancel, L. (2022), *Rapport sur les inégalités mondiales 2022*, World Inequality Lab.

Comité de filière Mode et Luxe, (2020). *Relocalisation et mode durable,* https://www.conseil-national-industrie.gouv.fr/files_cni/files/actualite/pj_2_20_12_08_rapport_mode_durable_et_relocalisation.pdf

Conseil d'État, 2010. *L'eau et son droit*, Rapport public.

Corre, D. *et al.* (2021). *État des lieux des actions de sobriété dans les territoires français Phase 1 de l'étude de la sobriété dans les démarches territoriales*, rapport, Expertises de l'Ademe.

de Perthuis, C., Shaw, S. & Lecourt, S. (2010). Quel(s) type(s) d'instrument(s) employer pour lutter contre le changement climatique ? *Vie & sciences de l'entreprise*, 183-184, 71-82. https://doi.org/10.3917/vse.183.0071

Delpal, F. (2018). *La mode en France, évaluation de son importance économique* [Étude]. Institut de la mode et Quadrat Études.

Demoli, Y. (2015). Carbone et tôle froissée : L'espace social des modèles de voitures. *Revue française de sociologie*, 56, 223-260. https://doi.org/10.3917/rfs.562.0223

Dubois, Q. (2023). Combien a (potentiellement) rapporté le malus CO_2 l'an dernier ?, *Autoplus,* https://www.autoplus.fr/actualite/societe-economie/combien-potentiellement-rapporte-malus-ecologique-631732.html#item=1

Dugast, C. & Soyeux, A. (2019). « Faire sa part ? », Carbone 4, https://www.carbone4.com/publication-faire-sa-part

European Climate Foundation (2017). Le véhicule électrique dans la transition écologique en France.

European Parliamentary Research Service (EPRS) (2019). *Environmental impact of the textile and clothing industry, What consumers need to know*, https://www.europarl.europa.eu/RegData/etudes/BRIE/2019/633143/EPRS_BRI(2019)633143_EN.pdf

EY (2022). Benchmark auto Q2 2022 : Chiffre d'affaires record malgré des ventes en baisse, https://www.ey.com/fr_fr/automotive-transportation/benchmark-automobile-q2-2022-un-chiffre-d-affaires-record

Fondation Ellen MacArthur (2017). *New Textiles Economy: Redesigning Fashion's Future,*. Ellen MacArthur Foundation. https://archive.ellenmacarthurfoundation.org/assets/downloads/A-New-Textiles-Economy.pdf

Goldberg, N. (2022). Comment donner l'impulsion pour une sobriété collective, efficace et aller au-delà des symboles ?, Terra Nova, https://tnova.fr/ecologie/transition-energetique/comment-donner-limpulsion-pour-une-sobriete-collective-efficace-et-aller-au-dela-des-symboles/

Quentin Grafton, R.,Ward, M., To, H. & Kompas, T. (2011). "Determinants of Residential Water Consumption : Evidence and Analysis from a Ten-country Household Survey," Crawford School Research Papers 1114, Crawford School of Public Policy, The Australian National University.

Institut français de la mode et Quadrat Études (2018). La mode en France, évaluation de son impact économique, https://www.cci-paris-idf.fr/sites/default/files/2021-03/Mode-France-Importance Economique-2018.pdf

Ipsos (2022), Environnement : le climato-scepticisme progresse chez les Français, sondage, https://www.ipsos.com/fr-fr/obscop-2022-fr

Kahn, P., Mariton, H. & Pascal, M. (2022). « Les outils de régulation économique du carbone », Conseil général de l'économie,https://www.economie.gouv.fr/files/files/directions_services/cge/Les_outils_de_regulation_economique_du_carbone.pdf

La forge numérique (2023). *Introduction à la sobriété : Histoire, généalogie et enjeux.* Intervention de Lucile Schmid, Les colloques de Cerisy, [Podcast]. Canal-U. https://www.canal-u.tv/146850.

Labaye, B. (2018). « L'industrie textile en France : une production mondialisée, sauf pour les produits de luxe et les textiles techniques », Insee première, n° 1714, https://www.insee.fr/fr/statistiques/3632345

Le Monde (2024), Voitures électriques à 100 euros : ce qu'il faut retenir du dispositif de « leasing social », *Le Monde* avec *AFP*, du 19 janvier 2024, https://www.lemonde.fr/economie/article/2024/01/19/voitures-electriques-a-100-euros-ce-qu-il-faut-retenir-du-dispositif-de-leasing-social_6211835_3234.html

Lehmann, M., *et al.* (2019). *Pulse of the Fashion Industry report* [Rapport]. Boston Consulting Group, https://web-assets.bcg.com/img-src/Pulse-of-the-Fashion-Industry2019_tcm9-237791.pdf

Lesnes, C. (2015,). Complètement à sec, la Californie rationne l'eau, *Le Monde,* https://www.lemonde.fr/planete/article/2015/04/02/completement-a-sec-la-californie-rationne-l-eau_4608016_3244.html

Marcangelo, P. (2022). REP textiles : Vers un système de bonus à la durabilité des vêtements, *Localtis,* Banque des Territoires. https://www.banquedesterritoires.fr/rep-textiles-vers-un-systeme-de-bonus-la-durabilite-des-vetements

McKinsey & Company, (2022). Scaling textile recycling in Europe — turning waste into value, juin, https://www.mckinsey.com/industries/retail/our-insights/scaling-textile-recycling-in-europe-turning-waste-into-value#/

Meran, G. & von Hirschhausen, C. (2009). Increasing Block Tariffs in the Water Sector : A Semi-Welfarist Approach. DIW Berlin, German Institute for Economic Research, Discussion Papers of DIW Berlin. 10.2139/ssrn.1465562.

Meunier, N. (2019). Kei-cars : pourquoi nous n'avons pas ces citadines japonaises idéales. *Challenges,* https://www.challenges.fr/automobile/dossiers/kei-cars-pourquoi-nous-n-avons-pas-ces-citadines-japonaises-ideales_684609

Ministère de la Transition écologique et de la Cohésion des territoires. (2022). *Point sur la réforme de la filière rep des textiles* https://www.ecologie.gouv.fr/sites/default/files/28.09.2022_DP%20Fili%C3%A8re%20REP%20textiles_VDEF2.pdf

Murphy, C. (2023). « What's mine is mine : unpicking the psychological reasons people like to own things », Ellen MacArthur Foundation, https://ellenmacarthurfoundation.org/articles/unpicking-the-psychological-reasons-people-like-to-own-things

Murakoshi, C. *et al.* (2012). Analysis of behaviour change due to electricity crisis : Japanese household electricity consumer Behaviour since the earthquake, *Journal of Food System Research* 18 (4), pp. 415-426

OCDE (2022). *Israel's sustainable water management plans,* https://www.oecd.org/climate-action/ipac/practices/israel-s-sustainable-water-management-plans-d81db5f5/

Oxfam France (2022). Fast fashion : impacts, alternatives et moyens d'agir, https://www.oxfamfrance.org/wp-content/uploads/2022/03/Fast-Fashion-Impacts-alternatives-et-moyens-dagir.pdf

Parrique, T. (2022). *Ralentir ou périr : L'économie de la décroissance*, Seuil

Patwary, S. (2020). *An investigation of the substitution rate and environmental impact associated with secondhand clothing consumption in the United States* [Thèse de doctorat Department of Interior Design and Fashion Studies College of Health and Human Sciences]. Kansas State University.

SarifPatwary2020.pdf (k-state.edu)

Pisani-Ferry, J., Malfouz, S. (2022). *Note d'analyse : L'action climatique : un enjeu macroéconomique*, France Stratégie.

Pommeret, A., Oliu-Barton, M., Robinet, A., Viennot, M., Schubert, K. (2023). *Les incidences économiques de l'action pour le climat*, Rapport thématique Sobriété, France Stratégie, https://www.strategie.gouv.fr/sites/strategie.gouv.fr/files/atoms/files/fs-2023-les_incidences_economiques_de_laction_pour_le_climat-thematique-sobriete.pdf

Quantis (2018). *The Environmental Impact of the Global Apparel and Footwear Industries*, Report, https://quantis.com/wp-content/uploads/2018/03/measuringfashion_globalimpactstudy_full-report_quantis_cwf_2018a.pdf

Remy, N., Speelman, E., Swartz, S. (2016). « Style that is sustainable : A new fast fashion formula », McKinsey & Compagny.

RTE (2019). Enjeux du développement de l'électromobilité pour le système électrique, https://www.concerte.fr/system/files/concertation/Electromobilite%CC%81%20-%20Synth%C3%A8se%20vFinale.pdf

RTE (2021). Futurs énergétiques 2050. Octobre 2021. https://www.rte-france.com/analyses-tendances-et prospectives/bilan-previsionnel-2050-futurs-energetiques

RTE (2023). Bilan électrique 2022 Principaux résultats, https://assets.rte-france.com/prod/public/2023-02/Bilan-electrique-2022-synthese.pdf

Robinet, A. & Gérardin, M. (2022). Voiture électrique : à quel coût ?. *La note d'analyse de France Stratégie*, 115, 1-16. https://www.cairn.info/revue—2022-10-page-1.htm.

Roger, P. (2021, mai 2010). Les maires et l'État, une relation à rude épreuve. *Le Monde,* https://www.lemonde.fr/politique/article/2021/05/10/les-maires-et-l-etat-une-relation-a-rude-epreuve_6079743_823448.html

Sanfourche, C. (2014). La loi Evin, une étape majeure dans la lutte contre le tabagisme et l'alcoolisme. *Les Tribunes de la santé*, 42, 21-25. https://doi.org/10.3917/seve.042.0021

Smith, G. (2017). Concevoir la démocratie pour le long terme : innovation institutionnelle et changement climatique. *La Pensée écologique*, 1 https://doi.org/10.3917/lpe.001.0158

Steffen W, *et al.* (2018). Trajectories of the Earth System in the Anthropocene. *Proc Natl Acad Sci U S A.*, vol 115, n° 33, pp 8252-8259

Steinmann, L. (2023). La voiture électrique à 25 000 euros le nouveau Graal de l'automobile, *Les Échos,* https://www.lesechos.fr/industrie-services/automobile/la-voiture-electrique-a-25000-euros-le-nouveau-graal-de-lautomobile-1920883

T&E (2023*), Clean and lean Battery metals demand from electrifying passenger transport,* Report, july. https://www.transportenvironment.org/wp-content/uploads/2023/07/Battery-metals-demand-from-electrifying-passenger-transport 2.pdf

Thaler, R. (1980), Toward a positive theory of consumer choice, *Journal of Economic Behavior & Organization*, vol. 1, issue 1, pp 39-60

The Shift Project (2013). *Les usages du PIB*, https://theshiftproject.org/wp-content/uploads/2017/05/the_shift_project-rapport_final-les_usages_du_pib_0.pdf

The Shift Project. (2021). *La transition bas carbone, une opportunité pour l'industrie automobile française ?*, rapport, https://theshiftproject.org/wp-content/uploads/2021/11/2021-11-18-RF-Industrie-automobile-vF.pdf

ThredUp (2019). *Resale report,* https://cf-assets-tup.thredup.com/resale_report/2019/thredUP-resaleReport2019.pdf

Veblen, T. (1979). *Théorie de la classe de loisir*, Gallimard, [1899, trad. de l'anglais américain par Louis Évrard].

Weebio (2017). La culture du coton : pourquoi est-elle si polluante ?, https://www.weebio.fr/culture-bio/culture-coton-pollution/

Wera, M.-S. (2018). *Analyse des barrières à la consommation des vêtements de seconde main* [HEC Ecole de gestion de l'Université de Liège]. https://matheo.uliege.be/bitstream/2268.2/4801/5/M %C3 %A9moire_MARIESOPHIEWERA_s125466.pdf

Wiking, M. (2017). *The Little Book of Hygge*, HarperCollins

Annexe 1

Étude de cas : encourager la vente de petits véhicules électriques

Diagnostic partagé : justification du besoin de sobriété

La capacité des pouvoirs publics à réorienter les achats de véhicules vers de petits modèles électriques vient répondre à plusieurs enjeux : la décarbonation du secteur des transports, une limitation de la consommation de métaux et matériaux et l'accès à la mobilité pour tous. Comment faire si dans le même temps l'État entend encourager l'emploi en France et ne pas favoriser une production délocalisée ?

L'enjeu écologique : favoriser la vente de petits véhicules est essentiel pour réduire la demande en ressources

Les transports sont le premier secteur émetteur de GES en France (environ 30 % en 2019), dont la moitié des émissions sont dues aux véhicules particuliers[38]. Or, depuis 30 ans, la masse moyenne de ces derniers a augmenté de 30 %, en grande partie à cause de l'émergence des SUV[39]. Cet accroissement de la masse entraîne une augmentation de la consommation d'énergie, et donc des émissions de GES associées, et de matériaux pour un même usage. L'objectif fixé par le gouvernement est pourtant de réduire les émissions du secteur des transports de près de 30 %, soit 37 Mt équivalent CO_2 entre 2022 et 2030.

38 – Centre interprofessionnel technique d'études de la pollution atmosphérique (CITEPA) (2020). Rapport *Secten.*

39 – D'après le site Car Labelling de l'Ademe.

Si la corrélation masse-ressources est déjà un véritable enjeu pour les véhicules thermiques, l'électrification renforce cette problématique par trois aspects. Le premier est le déplacement des émissions de GES, de l'usage pour les véhicules thermiques, vers l'étape de fabrication pour les véhicules électriques : la fabrication représente 75 % des émissions de GES d'un véhicule électrique. La batterie représente à elle seule 40 % des émissions d'une voiture électrique, ses émissions étant proportionnelles à sa capacité (European Climate Foundation, 2017). À titre d'illustration, l'empreinte carbone par kilomètre d'une citadine électrique est inférieure à celle d'un SUV électrique de plus de 50 % pour 150 000 km parcourus[40].

Le deuxième est celui de l'approvisionnement en métaux entrant dans la composition des voitures et notamment des batteries (lithium, cobalt, nickel, graphite…). L'extraction du lithium est décriée pour son impact sur la ressource en eau dans les salars, et les conditions de travail dans les mines de cobalt de République démocratique du Congo, qui représente plus de 70 % de la production mondiale, sont régulièrement pointées du doigt. L'approvisionnement en métaux pose également des questions géopolitiques et de souveraineté, notamment à l'égard de la Chine qui dispose de 80 % des capacités de raffinage des matières premières rentrant dans la composition des batteries lithium-ion[41]. Les quantités de métaux incorporées dans les batteries sont moitié moindre pour une citadine de 50 kWh que pour un véhicule haut-de-gamme de 100 kWh, ce qui représente environ 30 kg de nickel, 4 kg de cobalt, 5 kg de lithium et 35 kg de graphite supplémentaires, pour une batterie de type NMC (nickel-manganèse-cobalt), la plus répandue aujourd'hui dans le monde[42].

---

40 – Chiffres publiés en 2022 par Carbone 4 en considérant les modèles Volkswagen e-Up (citadine) et Audi e-tron (SUV).

41 – Source : Observatoire de la sécurité des flux et des matières énergétiques.

42 – Source : Commissariat général au développement durable (CGDD), dans le rapport de février 2022, *La mobilité bas-carbone : Choix technologiques, enjeux matières et opportunités industrielles.*

Enfin, dans un contexte d'électrification des véhicules et de montée en puissance des énergies renouvelables intermittentes (solaire, éolien), le troisième est la problématique de l'équilibrage offre-demande en électricité. En effet, l'électrification des mobilités se traduit par une demande accrue en électricité. RTE estime qu'un parc de 12 millions de véhicules électriques et hybrides à horizon 2035 pourrait engendrer une demande finale supplémentaire d'électricité de 30 TWh, ce qui correspond à environ 5 % de la demande électrique actuelle française (RTE, 2023), dans les projections standard, et une augmentation moyenne de l'appel de puissance à la pointe hivernale de 2,2 GW, soit environ 2 % de la capacité de pointe actuelle du parc électrique français (RTE, 2019).

Favoriser la vente de petits véhicules électriques, est donc un levier pertinent pour réduire leur empreinte carbone, la demande en ressources et en énergie et la dépendance géopolitique aux approvisionnements en matières premières. Mais cette nécessaire sobriété ne peut se comprendre sans considérer les deux autres enjeux, économiques et sociaux.

L'enjeu économique : un contexte défavorable aux voitures légères

De fortes contraintes réglementaires pèsent sur le secteur automobile dans l'Union européenne : le règlement CAFE (*Corporate Average Fuel Economy*) qui alloue un quota d'émissions par constructeur[43], la norme anti-pollution Euro VI qui réglemente les émissions en oxyde d'azote, en monoxyde de carbone, en hydrocarbures et en particules[44] et, surtout, l'interdiction de la vente des véhicules thermiques neufs en 2035[45].

43 – Règlement UE 2019/631 du Parlement européen et du Conseil du 17 avril 2019 établissant des normes de performance en matière d'émissions de CO_2 pour les voitures particulières neuves et pour les véhicules utilitaires légers neufs.

44 – Règlement n° 595/2009 du Parlement européen et du Conseil du 18 juin 2009.

45 – Le Parlement européen puis le Conseil européen ont approuvé les mesures du paquet législatif Fit For 55 prévoyant notamment la réduction de « 100 % » des émissions de CO_2 produites par les voitures et les véhicules utilitaires par rapport à 2021.

Aux contraintes réglementaires s'ajoute une série de crises, qui ont ralenti la production de véhicules en France : la crise financière de 2007 a engendré un effondrement des marchés automobiles, notamment américain et européen, la pandémie de Covid s'est traduite par un arrêt de la production pendant la crise sanitaire[46] après quoi la pénurie de semi-conducteurs, fabriqués à 75 % en Asie, a mis certaines lignes à l'arrêt en France. Enfin, la crise énergétique de 2022, liée à la guerre en Ukraine, a conduit à une augmentation des prix de l'énergie et des matières premières et a pénalisé l'industrie en Europe.

Dans ce contexte tendu, les constructeurs français ont choisi de recentrer leur production nationale sur les véhicules à plus forte valeur ajoutée, comme les SUV (*sport utility vehicle*), pour lesquels les marges sont plus importantes. Ces véhicules pour lesquels les constructeurs français et étrangers ont investi en 2019 pour le marché français 1,8 milliard d'euros en publicité (45 % environ de leurs dépenses publicitaires en France), ont en effet un succès grandissant. Ils ont représenté en 2023 46 % des ventes de véhicules neufs en France[47]. En Europe, la même année, plus d'une voiture sur deux vendues en Europe appartenait à la famille des SUV. Un rapport du WWF juge que le SUV est présenté comme puissant et sécurisant, « bon pour l'environnement », conçu pour conquérir et dominer l'espace naturel et à destination des familles[48]. La publicité contribue ainsi à forger dans l'imaginaire collectif le rôle statutaire de la voiture, symbole de réussite social et cocon protecteur.

Le secteur automobile, toujours significatif en France, emploie environ 211 000 personnes (en équivalent temps plein)[49]. Il connaît cependant une phase de déclin à cause de délocalisations successives. La production

---

46 – Source : Le coronavirus met l'industrie automobile à l'arrêt en Europe, *Le Parisien,* 16 mars 2020.

47 – Source : AAA Data.

48 – Source : WWF, dans son rapport *Le trop-plein de SUV dans la publicité,* publié en 2021.

49 – Chiffres Insee de 2021.

nationale de véhicules a diminué de 40 % entre 2004 et 2011[50]. Le secteur est soumis à une forte concurrence internationale, y compris au sein de l'Europe et dans des pays proches : la Peugeot 208 est assemblée en Slovaquie et au Maroc, la Renault Twingo en Slovénie et la Renault Clio en grande partie en Turquie.

Le renforcement du malus poids est rejeté massivement par les industriels, qui se plaignent déjà du manque de compétitivité de la France par rapport aux autres pays. Ils déplorent les taxes et cotisations sociales qui alourdissent le coût de travail en France et rendent ainsi peu rentable l'assemblage de petits véhicules en France. Toyota offre certes un contre-exemple avec la Yaris, petite voiture fabriquée dans le nord de la France, mais le groupe japonais a une approche différente de la compétitivité de ses sites. Néanmoins, les constructeurs réfléchissent aujourd'hui au développement de voitures électriques plus abordables et plus légères : comme la C3 électrique de Stellantis ou la Renault R5. Cela pourrait marquer un tournant stratégique majeur ; l'enjeu est de savoir dans quelle mesure ces véhicules peuvent être fabriqués en France.

L'enjeu social : une demande partagée entre statut social et besoin de mobilité

Les enjeux sociaux autour de la voiture et de la mobilité ne peuvent pas être négligés. La voiture est en effet un poste de dépense important dans le budget des ménages : environ 11 % en 2017. Cependant cette moyenne cache des disparités sociales et géographiques. En effet, en région parisienne, les transports individuels représentent moins de 65 % du budget transport des ménages, contre 90 % dans les communes rurales ou de moins de 200 000 habitants. Les 10 % des ménages les plus modestes dépensent 16 % de leur revenu disponible pour les transports individuels contre 3 % pour les 10 % des ménages les plus riches, selon les chiffres 2017 de l'Insee.

50 – Source : Comité des constructeurs français d'automobiles (CCFA).

Bien que la voiture réponde au besoin de mobilité, son image, largement alimentée par la publicité, reste fortement associée au statut social. La voiture d'un cadre est plus lourde de 150 kilogrammes que celle d'un ouvrier (Demoli, 2015). La demande en véhicules neufs en France est en outre alimentée par les entreprises et les foyers les plus aisés, qui se partagent équitablement le marché.

L'électrification renforce également la problématique sociale, puisqu'elle conduit à une augmentation des prix à l'achat, d'environ 15 000 € supplémentaires pour une citadine électrique par rapport à son équivalent thermique (Robinet et Gérardin, 2022). Le leasing social, promesse de campagne du président Macron, apparaît comme une réponse à cette problématique, avec une voiture électrique louée aux foyers les plus précaires (et réalisant plus de 8 000 kilomètres par an en voiture) pour 100 euros par mois. Deux risques principaux y sont néanmoins associés : la stigmatisation des foyers les moins aisés, en les rendant « locataires de tout », et le creusement de la balance commerciale, par l'importation de composants ou de petits véhicules électriques s'ils ne sont pas fabriqués ou assemblés sur le territoire national. La mise en place du leasing social, conditionné à des critères environnementaux, pourrait permettre de favoriser la production française et offrir un signal positif aux constructeurs pour la production de petits véhicules en France. D'autant que la première mise en œuvre du leasing social en France, est un succès. Plus de 90 000 personnes ont demandé à bénéficier de ce dispositif sur la plateforme gouvernementale mise en service entre mi-décembre 2023 et début janvier 2024 (*Le Monde*, 2024). Une seconde phase devrait être lancée en 2025.

Enfin, l'adaptation de la demande en véhicules s'inscrit dans des enjeux sociaux plus larges d'accès à la mobilité pour tous, en lien direct avec l'aménagement du territoire. Les problématiques sociales et les disparités géographiques doivent donc impérativement être prises en compte lors de la mise en œuvre d'une politique de réduction de la masse de la voiture. L'enjeu est d'éviter de faire peser l'effort uniquement sur les plus précaires, déjà exclus du marché des véhicules neufs, ou sur ceux qui sont complètement dépendants de leur voiture comme moyen de transport.

Mise en œuvre des politiques publiques et caractérisation des nœuds à résoudre

Atteindre l'objectif de sobriété revient ici à réorienter le marché de véhicules particuliers vers des voitures plus légères, en réussissant à faire se rencontrer une offre de véhicules plus légers, produits localement, et une demande pour des véhicules plus accessibles et moins statutaires. Comment faire ?

Le blocage principal : retrouver une capacité de planification industrielle

La future interdiction de la vente de véhicules thermiques neufs en Europe, à compter de 2035, engendre une véritable révolution dans l'industrie automobile, qui doit repenser l'intégralité de son organisation et de sa chaîne de valeur. Le nœud critique pour l'action publique consiste à retrouver une capacité de planification industrielle à l'échelle de la France. Pour l'État, cela exige de construire une vision transversale, de long terme et partagée par l'ensemble des administrations, de l'avenir de la filière automobile en France. Se pose en effet un enjeu de visibilité pour la filière. Le développement d'un nouveau modèle prenant entre 2 et 7 ans, les constructeurs sont déjà en train de planifier ceux des prochaines décennies. L'État se doit donc d'agir vite pour ne pas rater ce moment historique de transformation profonde de l'appareil productif européen.

Se pose un autre enjeu, pour les finances publiques cette fois. En effet, l'État dépend des ressources fiscales liées aux carburants, sous la forme de deux taxes : la TVA (taxe sur la valeur ajoutée) et la TICPE (taxe intérieure de consommation sur les produits énergétiques), qui représentent environ 60 % des prix de l'essence et du gazole à la pompe[51] et qui rapportent

51 – Source : ministère de l'Économie, des Finances et de la Souveraineté industrielle et numérique, chiffres de 2023

à l'État plus de 40 milliards d'euros en 2022[52]. L'électrification menace directement cette source de revenus et s'accompagne de dépenses supplémentaires (bonus écologique, besoins en bornes de recharge, financement du leasing social…).

Ce contexte de bouleversement profond de l'appareil industriel couplé à l'émergence des problématiques de résilience de la chaîne d'approvisionnement nous paraît propice à l'établissement d'un « contrat » entre l'État et les constructeurs, dans lequel toutes les parties s'engageraient fermement à bâtir ensemble un projet durable pour l'industrie automobile. L'enjeu de long terme n'est pas de sauver la production de tel modèle de SUV fabriqué en France, mais bien de penser l'avenir de la filière, en cohérence avec les objectifs environnementaux du pays et les problématiques d'approvisionnement en matériaux et en énergie. En d'autres termes, il s'agit de construire une filière automobile durable, conciliant emploi et écologie, en favorisant le développement de la fabrication de petits véhicules en France.

Pour y parvenir, l'action publique est confrontée à une série de défis, gravitant autour de l'idée de planification industrielle, résumés dans la figure A1 et détaillés dans la partie suivante.

52 – Source : *BFMTV*, émission du 16 novembre 2022, Combien rapporteront les taxes de carburant cette année ?.

Figure A.1 — Les défis pour encourager la vente de petits véhicules électriques

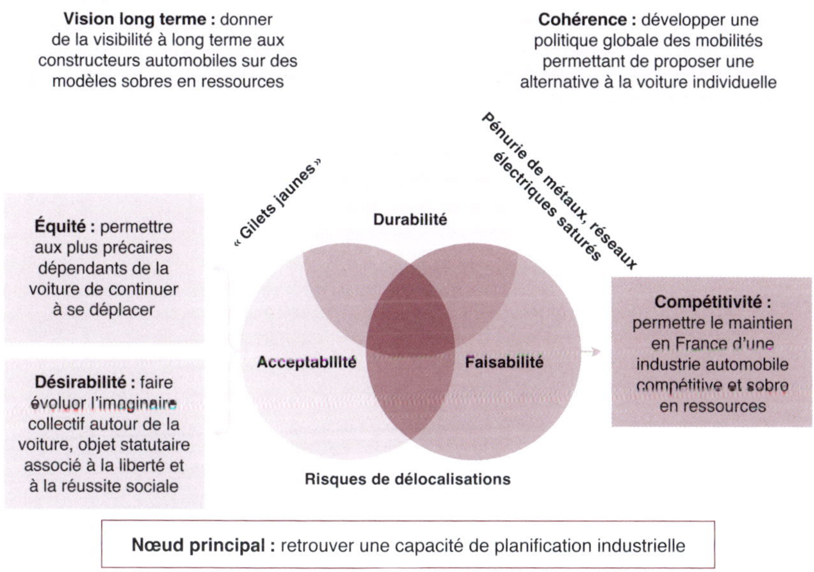

Les défis pour l'action publique

Faisabilité

Figure A.2 — Piliers et défis de la faisabilité

Sous-piliers	Défis
Compétitivité	• Conserver une filière automobile française et européenne compétitive • Se saisir de l'électrification comme d'une opportunité pour développer des filières à haute valeur ajoutée économique et sociale en France (assemblage de petits véhicules, production et recyclage des batteries…)
Impact sur l'emploi	Réorienter les emplois de la filière automobile vers les filières d'avenir (filière de l'électromobilité, production et recyclage de batteries, mobilités alternatives…)
Enjeux économiques	• Trouver un modèle économique viable pour la filière automobile française • Trouver de nouvelles sources de recettes pour l'État pour compenser la diminution des recettes liées aux taxes sur les carburants fossiles
Besoins techniques	Déployer massivement les bornes de recharge pour véhicules électriques pour accompagner la transition et respecter les objectifs de déploiement fixés

Acceptabilité

Figure A.3 — Piliers et défis de l'acceptabilité

Sous-piliers	Défis
Équité	• Associer la limitation de la masse à une aide à l'accès à la voiture pour les foyers les plus modestes et dépendants la voiture • Encourager les ménages les plus aisés à adopter des véhicules plus sobres
Désirabilité	• Encadrer la publicité pour les véhicules les moins sobres • Faire évoluer l'imaginaire collectif, dépasser l'image d'objet statutaire associé à la liberté et à la réussite sociale • Faire prendre conscience aux citoyens des co-bénéfices de la réduction de la masse de la voiture (gagner en souveraineté énergétique et en ressources)

Durabilité

Figure A.4 — Piliers et défis de la durabilité

Sous-piliers	Défis
Vision transversale et de long terme	• Développer une vision globale, partagée au sein de l'État et de long terme, de l'avenir de la filière automobile en concertation avec les industriels • Intégrer la voiture à une stratégie globale des mobilités, permettant de développer une offre alternative au « tout voiture »
Besoin de cohérence	Développer une politique globale des mobilités permettant de proposer une alternative à la voiture individuelle

Recommandations spécifiques pour l'action publique

Recommandation 1 : renforcer le malus poids

Nous recommandons d'intégrer les véhicules électriques et hybrides au malus poids actuel (10 €/kg) et d'abaisser le plafond de masse à 1 400 kg, en prévoyant un abattement de 300 kg pour composer la masse de la batterie.

Cette recommandation vise à renforcer le malus poids existant en France depuis 2022, qui pénalise les véhicules thermiques de plus de 1,8 tonne avec un malus de 10 euros par kilogramme[53]. L'efficacité de cette mesure est discutable, puisqu'elle ne vise que 2 % des véhicules neufs achetés en France. Les dix SUV les plus vendus en France ne sont notamment pas concernés (Caroom, 2023). Pour éviter de pénaliser les véhicules électriques, plus lourds à cause de la batterie que leur équivalent thermique, la masse de la batterie serait déduite du malus poids, moyennant un abattement de 300 kilogrammes, qui correspond à la masse moyenne d'une batterie de 50 kWh (autonomie d'environ 350 km en cycle WLTP)[54].

Pour ce qui est des recettes envisagées, si l'on considère un scénario extrême dans lequel l'intégralité des 2 millions de véhicules neufs vendus en France sont des Tesla Model Y, les recettes du malus poids (10 €/kg au-delà de 1 400 kg moyennant une déduction de 300 kg correspondant à la masse de la batterie) représenteraient presque 4 milliards d'euros par an (elles représenteraient 50 millions d'euros sur la base des ventes de véhicules électriques réalisées en 2022). Le malus auto actuel - qui ne porte pas sur les véhicules électriques - a rapporté à l'État environ 500 millions d'euros en 2022 (Dubois, 2023).

Recommandation 2 : renforcer le règlement batterie européen

Nous recommandons également d'intégrer au règlement batterie une obligation de réduction des émissions de GES en cycle de vie des voitures, par constructeur, décroissante au fil du temps. Cette idée s'appuie largement sur le règlement batterie européen, adopté en juillet 2023, et qui prévoit notamment la déclaration obligatoire de l'empreinte carbone des batteries des véhicules électriques et fixe des objectifs d'intégration

53 – Article L421-75 du Code des impositions sur les biens et les services

54 – WLTP : Worldwide harmonized Light vehicles Test Procedure.

de cobalt, plomb, lithium et nickel recyclés dans les batteries incorporées aux véhicules vendus au sein de l'Union européenne.

Comme ce règlement oblige la production d'informations par les producteurs de batteries, il fournit un cadre solide pour y ajouter un objectif de diminution de l'empreinte carbone des véhicules intégrant ces produits. Cette recommandation consiste à s'inspirer de la réglementation européenne actuelle sur les émissions de CO_2 des véhicules thermiques[55]. Les constructeurs seraient dotés d'une empreinte carbone moyenne pour l'ensemble des batteries des véhicules qu'ils produisent et d'un objectif de réduction de cette empreinte de 30 % tous les 5 ans. Si, par réalisme, nous proposons de nous limiter, dans un premier temps, à l'empreinte carbone de la batterie des véhicules, cette réglementation pourra ensuite être étendue à celle du véhicule complet, une fois que les informations seront disponibles plus facilement et qu'une méthodologie européenne commune sera élaborée.

Les constructeurs disposeraient alors de différentes stratégies pour diminuer leur empreinte carbone moyenne, qui ne se limiteraient pas à la réduction de la masse de la batterie. En effet, les émissions de GES, lors de la production d'une batterie, dépendent de différents paramètres : le lieu de production et notamment le mix électrique du pays, le contenu matière de la batterie et notamment la chimie utilisée, l'incorporation de matériaux recyclés, et enfin sa capacité donc de sa masse, comme nous rappelle Jean-Philippe Hermine, coordinateur de l'initiative mobilité en transition à l'Iddri. Notre recommandation pourrait donc être favorable à l'industrie automobile française, qui dispose d'un mix électrique décarboné et permettrait de favoriser des développements comme le recyclage de batteries.

---

55 – Règlement UE 2019/631 du Parlement européen et du Conseil du 17 avril 2019 établissant des normes de performance en matière d'émissions de CO_2 pour les voitures particulières neuves et pour les véhicules utilitaires légers neufs.

Pour mesurer l'impact d'une telle mesure, nous considérons dans la figure A.5 les deux scénarios suivants : (i) 100 % des 2 millions de véhicules neufs vendus chaque année en France ont des batteries d'une capacité de 50 kWh (équivalent d'une Renault Zoé), ou (ii) 100 % des 2 millions de véhicules neufs vendus par an en France ont des batteries d'une capacité de 100 kWh (équivalent d'une Tesla).

Figure A.5 — Comparaison des émissions selon la capacité de la batterie des véhicules électriques vendus en France

Impact de la batterie		Hypothèses	**Supplément d'émissions dans le scénario 2** (100 % des 2 millions de véhicules neufs vendus par an en France ont des batteries d'une capacité de 100 kWh) **par rapport au scénario 1** (100 % des 2 millions de véhicules neufs vendus chaque année en France ont des batteries d'une capacité de 50 kWh)
Émissions de GES		Batteries produites en France en 2030	**+ 6,5 Mt équivalent CO_2/an**, soit l'équivalent de l'empreinte carbone de 700 000 Français*
Émissions de GES		Batteries produites en Chine en 2030	**+ 9,1 Mt équivalent CO_2/an**, soit l'équivalent de l'empreinte carbone de 1 million de Français
Consommation de matériaux	Cobalt	50 % de batteries de type NMC 811 et 50 % de batteries de type LFP (lithium fer phosphate)	**4,1 kt de cobalt**, soit environ 3 % de la production minière mondiale en 2019
Consommation de matériaux	Lithium	50 % de batteries de type NMC 811 et 50 % de batteries de type LFP (lithium fer phosphate)	**8,8 kt de lithium**, soit environ 7 % de la production minière mondiale en 2019
Consommation de matériaux	Graphite	50 % de batteries de type NMC 811 et 50 % de batteries de type LFP (lithium fer phosphate)	**35 kt de graphite**, soit environ 3 % de la production mondiale de graphite naturel en 2019

(*) : En considérant une empreinte carbone de 9,5 t de CO_2 eq par Français et par an selon SDES.

Source : The Shift Project (2021), CDGG (2022).

Éléments de comparaison internationale

D'autres pays ont mis en place des mesures fiscales visant à pénaliser les voitures les plus lourdes, depuis plusieurs années pour le Japon ou tout récemment pour la Norvège.

Au Japon, la fiscalité favorise les petites voitures au moyen d'une taxe annuelle sur la masse du véhicule (environ 55 € par tonne) et d'une seconde calculée en fonction de la cylindrée du moteur. Ces taxes augmentent avec l'âge du véhicule. La réduction des taxes en 2014 sur les petites voitures a contribué à l'émergence des Kei-cars, qui constituent aujourd'hui 40 % des ventes au Japon (Meunier, 2019).

La Norvège, elle, a mis en place depuis 2023 une taxe au poids sur les véhicules électriques, qui en étaient jusqu'alors exemptés. Cette taxe est d'environ 105 euros par tonne au-dessus de 500 kg, puis est plus importante au-delà de 1,4 tonne. Une TVA de 25 % sur le prix d'achat s'applique au-delà de 500 000 NOK (environ 43 000 €). Pour les véhicules thermiques, la TVA s'applique sur l'ensemble du prix d'achat. À cela s'ajoute une taxe d'environ 100 000 NOK (environ 8 400 euros) ainsi qu'un malus écologique, suivant les émissions du véhicule par kilomètre, un malus poids, en euro par kilogramme, et un malus pollution, qui porte sur les émissions d'oxyde d'azote par kilomètre. L'exemption de taxes sur les véhicules électriques jusqu'en 2023 a contribué à leur émergence en Norvège (80 % des ventes en 2022). Cependant, il s'agit de véhicules très lourds en moyenne : les deux modèles les plus vendus en 2022 pèsent près de 2 tonnes (Tesla modèle Y et Volkswagen ID.4). Néanmoins, contrairement à la France, la Norvège a une industrie automobile très peu développée. Elle n'est donc pas confrontée aux mêmes enjeux de compétitivité de la filière.

Annexe 2

Étude de cas : la tarification progressive de l'eau

Diagnostic partagé : justification du besoin de sobriété

Les principaux enjeux autour de la ressource en eau douce

Les épisodes de raréfaction de la ressource en eau douce sont de plus en plus fréquents et de plus en plus longs. La France a ainsi connu, en début d'année 2023 un épisode de sécheresse hivernale, avec 32 jours consécutifs sans précipitations. Ce phénomène tend à amplifier les conflits d'usages et les controverses associées (irrigations de certaines cultures, méga bassines...). Le plan de sobriété sur l'eau, de mars 2023, rappelle que 110 bassins-versants connaissent des tensions structurelles. À l'été 2022, 93 départements ont fait face à des restrictions d'eau, tandis que plus d'un millier de communes ont connu des ruptures d'approvisionnement en eau potable.

Aujourd'hui, l'agriculture représente la majorité de la consommation d'eau douce (58 %). Suivent la production d'eau potable (26 %), le refroidissement des centrales électriques (12 %) et enfin les usages industriels (4 %)[56].

Limiter la consommation d'eau douce permettrait ainsi de réduire les tensions associées au partage de la ressource entre ces différents usages, et d'éviter les rationnements et pénuries dans les situations de crises, qui sont amenées à être de plus en plus fréquentes avec le changement climatique.

56 – Source : dossier de presse « 53 mesures pour l'eau » du Gouvernement, de mars 2023.

Contrairement à l'approvisionnement en énergie, celui de la ressource en eau est géré à l'échelle des différents bassins plutôt qu'à l'échelle nationale, parce que l'eau est difficilement transportable et que chaque territoire présente des spécificités, notamment dans les usages. L'adéquation offre-demande doit donc être pensée à petite échelle, et pas de manière globale sur l'ensemble du territoire. C'est la mission des comités de bassins, parfois appelés « parlements de l'eau », qui permettent aux différents usagers de dialoguer (collectivités locales, industriels, agriculteurs, État, consommateurs, ONG…).

Ce sont ces comités qui élaborent le Schéma directeur d'aménagement et de gestion des eaux (SDAGE). Renouvelé tous les six ans, cet outil de planification fixe les objectifs de bon état des milieux aquatiques et les grandes orientations de la gestion de la ressource en eau à l'échelle du bassin. Le SDAGE peut être décliné à l'échelle d'un sous-bassin dans le Schéma d'aménagement et de gestion des eaux (SAGE), pour mieux prendre en compte des spécificités territoriales. La mise en œuvre de cette politique est ensuite assurée par une agence de l'eau, chaque agence étant responsable de la gestion globale de la ressource en eau douce au sein d'un bassin[57].

L'eau potable : une problématique quotidienne qui se traite à l'échelle locale

L'agriculture est certes un consommateur majeur d'eau douce, mais cette question spécifique relève d'un autre débat, qui sort du cadre de la présente analyse. A contrario, les mesures permettant de limiter la consommation d'eau pour des usages énergétiques et industriels sont plutôt associées à de l'efficacité qu'à de la sobriété.

Nous avons donc choisi de nous concentrer sur la réduction de la consommation d'eau potable par les ménages. Les Français consomment en moyenne 148 litres d'eau potable par habitant et par jour, dont

57 – L'eau est gérée par grands bassins hydrographiques qui correspondent aux territoires des grands fleuves. Il y a ainsi en France six Agences de l'eau.

39 % pour l'hygiène corporelle, 20 % pour la chasse d'eau, 22 % pour la machine à laver et le lave-vaisselle et seulement 1 % pour la boisson. À titre de comparaison, la consommation journalière par habitant est de l'ordre de 600 litres en Amérique du Nord et de 20 litres en Afrique subsaharienne[58].

Les EPCI (établissements publics de coopération intercommunale) et les communes assument les compétences d'assainissement des eaux usées et de distribution de l'eau potable. Un transfert total de ces compétences aux EPCI est d'ailleurs prévu d'ici 2026 par la loi NOTRe de 2015. Différents modes de gestion sont possibles : en régie, lorsque la commune ou l'EPCI gère directement le service à travers un établissement public, ou via une délégation de service public (DSP) lorsque l'exécution est déléguée à un opérateur privé. Entre les deux, il existe également un mode de gestion mixte, qui permet aux EPCI de conserver certaines compétences tout en en déléguant certaines. La DSP représente plus de 30 % des services publics de l'eau et approvisionne plus de 60 % de la population[59].

Le prix moyen de l'eau potable est d'environ 2 €/m^3, taxes et redevances incluses, avec une forte variabilité entre les territoires. L'eau constitue une faible part des dépenses des ménages, moins de 1 % selon les chiffres 2019 de l'Observatoire des services publics d'eau et d'assainissement ; elle ne représente donc pas nécessairement un poste à économiser en priorité pour les ménages.

Les vertus de la tarification progressive pour réduire la consommation d'eau potable

Face aux contraintes physiques sur la ressource, et plus précisément pour éviter les épisodes de rationnement, la réduction de la demande par des mesures de sobriété semble nécessaire ; la politique tarifaire de l'eau est aujourd'hui au cœur de ce débat.

---

58 – Source : Ademe, 2023.

59 – En 2019, selon l'article Le service public local de l'eau potable et de l'assainissement, de *Vie publique*.

En majorité, la facture d'eau potable des ménages est composée de deux parties : un abonnement fixe pour avoir accès à l'eau et une part variable, proportionnelle à la consommation. La tarification progressive a été récemment mise en lumière comme une voie intéressante, le plan de sobriété sur l'eau de mars 2023 prévoyant, au titre de sa mesure 43, d'en étudier les modalités possibles[60]. Il s'agit d'un outil incitatif, prévoyant une modulation du prix du mètre cube par tranche de consommation, les tranches les plus hautes étant les plus chères.

La tarification progressive poursuit un double but, écologique et social. Elle vise en effet à réduire la demande en eau potable des ménages, à travers un signal-prix, tout en réalisant une redistribution des gros consommateurs vers les plus petits. Le choix d'un tarif suffisamment bas pour les premiers mètres cubes permet de ne pas pénaliser les foyers les plus précaires, quand les tarifs plus élevés visent les consommations non essentielles, voire superflues, qui sont généralement caractéristiques des plus gros consommateurs d'eau. Des études ont montré que la mise en place d'une tarification non linéaire de l'eau potable encourage la diminution de la consommation (Meran et von Hirschhausen, 2009 ; Grafton *et al.*, 2011).

La loi Brottes du 15 avril 2013 offre un premier cadre juridique à la tarification progressive, autorisant les expérimentations sur la tarification sociale de l'eau potable de 2013 à 2018. La prolongation des expérimentations jusqu'en 2021 est autorisée par la loi de finances pour 2019 du 28 décembre 2018, en son article 196. Enfin, la loi Engagement et proximité du 27 décembre 2019 permet la mise en place de la tarification sociale de l'eau pour toutes les collectivités volontaires.

Quelques collectivités expérimentent ainsi, depuis quelques années, la tarification progressive (Dunkerque, Libourne, Niort, Rouen, Cannes…)

---

60 – La mesure 42 assure que « la mise en place par les collectivités d'une politique tarifaire adaptée aux enjeux des territoires sera facilitée ». La mesure 43 indique que « le conseil économique social et environnemental sera saisi d'une mission sur les évolutions nécessaires pour faire des recommandations sur la tarification progressive de l'eau ».

et, face aux sécheresses de 2022, d'autres collectivités ont décidé de la mettre en place, à l'instar de la métropole de Montpellier ou de la commune de Bourg-Saint-Maurice.

En particulier, la communauté urbaine de Dunkerque a été pionnière dans la mise en œuvre de la tarification progressive dès 2012. Trois tranches d'eau sont définies : l'eau essentielle (volumes inférieurs à 75 m^3, à 0,84 €/m^3), l'eau utile (volumes compris entre 75 et 200 m^3, à 1,56 €/m^3) et l'eau de confort (volumes supérieurs à 200 m^3, à 2,07 €/m^3), comme le montre la figure A.6. Le tarif de la première tranche est par ailleurs réduit (0,32 €/m^3) pour les foyers les plus modestes et un chèque eau est versé aux familles nombreuses et aux bénéficiaires de la complémentaire santé solidaire (CSS). Le montant de l'abonnement fixe (10 €/an) n'a pas changé. Le bilan de l'expérimentation est positif puisque la consommation globale a diminué de près de 10 % et que la consommation d'eau annuelle de la commune est inférieure à la moyenne nationale. En outre, l'impact n'est pas homogène suivant les catégories de consommateurs. Si la consommation des petits consommateurs a augmenté de 11 %, celle des gros consommateurs a diminué de 13 %, nous a indiqué Fabrice Mazouni, directeur général du syndicat des eaux du Dunkerquois. Il y a donc bien un effet redistributif des gros consommateurs vers les plus petits.

Figure A.6 — Tarif de la part variable en fonction des tranches d'eau à Dunkerque

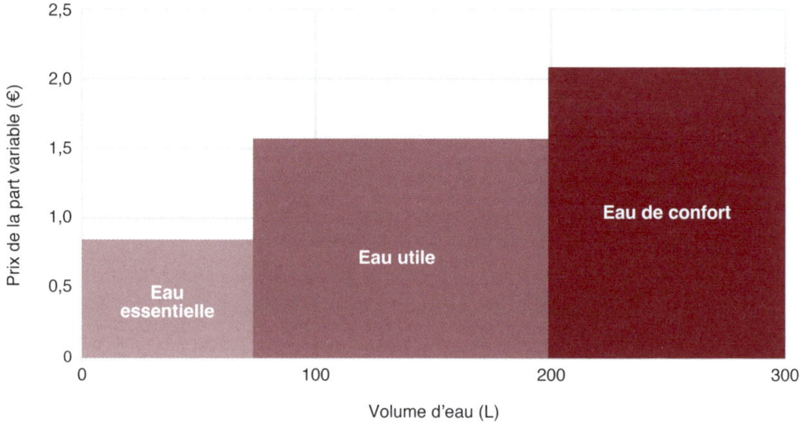

Les obstacles à la mise en place d'une tarification progressive

Malgré ces exemples positifs, la mise en place de la tarification progressive de l'eau se heurte à plusieurs obstacles. Pour assurer l'équité de cette mesure, des partenariats avec les acteurs sociaux (Caisses d'allocations familiales, Caisses primaires d'allocation maladie…) sont nécessaires pour identifier les bénéficiaires. Or, l'accès aux données détenues par les administrations est souvent difficile, même si le cadre juridique le permet. Par ailleurs, la communauté de Dunkerque a également constaté un taux très important de non-recours au chèque-eau, expliquant pourquoi le versement automatique de cette aide semble préférable, comme souligne la Commission du développement durable et de l'aménagement du territoire de l'Assemblée nationale dans une communication de février 2022[61].

À cela s'ajoutent des difficultés techniques et financières, car la tarification progressive suppose d'avoir un compteur individuel dans tous les logements. Les maisons individuelles et les immeubles collectifs neufs

61 – Cette communication fait suite à une mission « éclair » sur le bilan de l'expérimentation d'une tarification sociale de l'eau.

en sont dotés depuis le début des années 2000, mais la généralisation de l'obligation aux immeubles collectifs anciens se heurte à la difficulté de mise en conformité des réseaux intérieurs, aux coûts d'installation et de maintenance et au risque accru d'impayés (Conseil d'État, 2010). La communauté de Dunkerque a estimé que les coûts de gestion de la mise en place de la tarification progressive de l'eau représentaient 0,15 €/m^3 d'eau et 180 000 € pour la mise en place en 2012.

Tout l'enjeu de cette tarification progressive – et plus généralement de la tarification de l'eau potable pour les particuliers – consiste donc à trouver un modèle économique pérenne dans un contexte de diminution de la ressource. En effet, le modèle économique des services publics de l'eau suit une logique de cercle fermé : « l'eau paye l'eau ». Cela signifie que le budget du service public de l'eau et d'assainissement doit être équilibré et financé par les redevances de ses usagers. Il repose toutefois sur trois fondamentaux : les économies d'échelle grâce à l'augmentation des flux, le financement des infrastructures par les consommations futures et le dimensionnement du réseau en fonction du pic de consommation. À cette aune, on comprend mieux pourquoi il est mis en péril par la contrainte physique de réduction de la ressource.

Dans un contexte de diminution des flux, le modèle économique de l'eau concentre plusieurs difficultés. Tout d'abord, la diminution des consommations fait baisser directement les recettes du service, qui n'a donc pas de forte incitation à les réduire. Ensuite, le coût des infrastructures est principalement lié au linéaire de tuyaux (coûts fixes) et peu dépendant des débits utilisés. Enfin, le taux de renouvellement des réseaux est faible : ils ont une durée de vie moyenne de 160 ans. Les investissements sont donc faits à très long terme et impliquent une capacité de projection importante.

La tarification progressive soulève également un défi de viabilité dans le temps. En effet, comme les premiers mètres cubes consommés ont un coût très faible et que le financement de la première tranche est réalisé par les tranches les plus coûteuses, la réduction recherchée de la demande par les plus gros consommateurs diminue plus que proportionnellement les recettes pour le service public de l'eau, à plus forte raison parce que l'expérimentation dunkerquoise montre par ailleurs que les petits consommateurs augmentent leur consommation d'eau.

Le principal blocage : trouver un modèle économique viable des services publics de l'eau

Pour généraliser la tarification progressive de l'eau, l'enjeu principal consiste à laisser suffisamment de liberté aux EPCI pour que chacun élabore un modèle économique viable, adapté aux spécificités de son territoire. Cela ne peut se faire qu'en associant très tôt les acteurs concernés à l'élaboration des mesures et en tirant parti des retours d'expérience des EPCI ou communes ayant mis en place la tarification progressive.

Figure A.7 — Les défis de mise en œuvre de la réduction des consommations d'eau potable des ménages

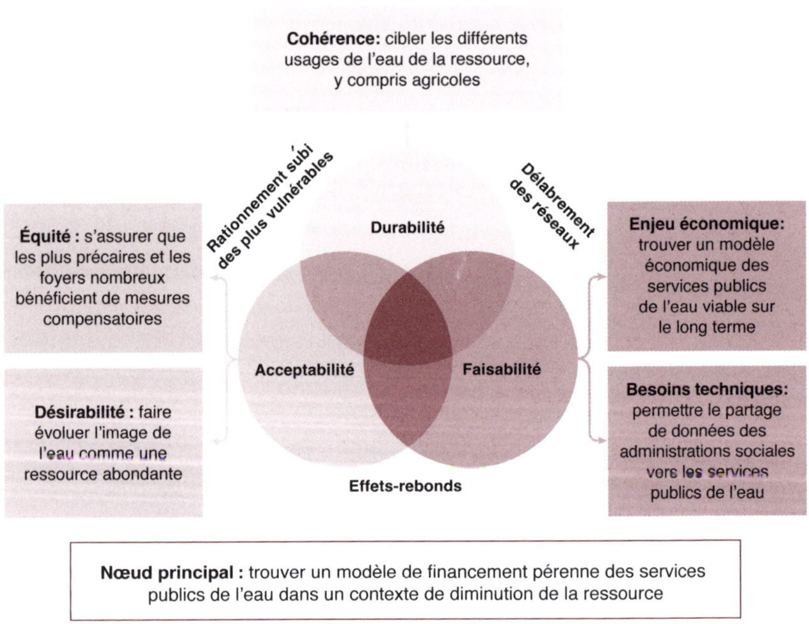

Les défis pour l'action publique

Faisabilité

Figure A.8 — Piliers et défis de la faisabilité

Sous-piliers	Défis
Impact sur l'emploi	Développer les filières et les compétences autour de la rénovation des réseaux d'eau
Enjeux économiques	• Trouver un modèle de financement pérenne des services publics d'eau dans un contexte de réduction de la ressource • Prendre en compte les coûts de mise en place et de fonctionnement de la tarification progressive (installation des compteurs, ressources financières et humaines, accès et traitement des données…)
Besoins techniques	• Permettre les mesures de consommation d'eau par foyer : installation de compteurs individuels, y compris dans les immeubles • Permettre le partage des données détenues par les administrations sociales avec les services publics de l'eau

Durabilité

Figure A.9 — Piliers et défis de la durabilité

Sous-piliers	Défis
Vision transversale, de long terme	• Inscrire la tarification progressive de l'eau potable pour les ménages dans une politique globale de tarification de l'eau regroupant tous les usages, notamment agricoles • Investir en parallèle dans la rénovation des réseaux d'eau en mauvais état : sur 5 L d'eau mise en distribution, 1 L est perdu par fuites sur les réseaux, selon l'Observatoire des services publics d'eau et d'assainissement
Besoin de cohérence	• Associer la sobriété à des mesures d'efficacité (rénovation des réseaux d'eau) • Actionner des mesures ciblant les autres usages de l'eau, notamment agricoles (choix des cultures, période d'arrosage, …)
Risques d'effets rebonds	Penser la viabilité à long terme du modèle économique du service public de l'eau avec la tarification progressive

Acceptabilité

Figure A.10 — Piliers et défis de l'acceptabilité

Sous-piliers	Défis
Équité	• S'assurer que les plus précaires et les foyers nombreux bénéficient de mesures compensatoires • Associer les EPCI et les communes dans la mise en place de la tarification progressive • Distribuer les chèques-eau de manière automatique aux foyers concernés pour éviter les non-recours
Désirabilité	• Inciter au changement des comportements de consommation d'eau par des campagnes de sensibilisation • Améliorer la qualité de l'information sur la consommation d'eau potable • Permettre aux foyers de suivre leur consommation d'eau de manière précise

Recommandation spécifique pour l'action publique

La loi Engagement et proximité de 2019 permet déjà la mise en place de la tarification sociale de l'eau pour toutes les collectivités volontaires. Notre recommandation consiste donc à généraliser cette dernière à tous les EPCI. Les modalités financières (prix de l'abonnement fixe et des différentes tranches) seraient laissées à discrétion des EPCI, afin que chaque service public de l'eau puisse trouver un modèle économique viable spécifique à son territoire, sa géographie et ses spécificités.

Le partage des données entre administrations sociales et services publics de l'eau est une condition nécessaire à la mise en place d'une tarification progressive qui soit perçue comme acceptable. Si le cadre juridique n'interdit pas ce partage (le Règlement général sur la protection des données, ou RGPD, n'interdit pas en effet pas le transfert de données pour remplir une mission de service public), il reste flou sur ce sujet. À l'instar de la mission flash de l'Assemblée nationale, nous recommandons un décret en Conseil d'État pour faciliter ce partage.

Cette mesure pourrait se donner comme objectif une baisse de 10 % de la consommation d'eau potable, soit plus de 100 millions de m³ d'eau économisés[62].

Éléments de comparaison internationale

La Californie fait face à des épisodes de sécheresse très importants : plus de 45 % des puits de l'État ont vu leur niveau d'eau diminuer ces vingt dernières années et le changement climatique devrait engendrer une diminution de l'approvisionnement en eau de 10 % d'ici 2040[63]. La sobriété est nécessaire pour faire face à cette diminution physique de la ressource et éviter le rationnement comme les pénuries subies. En 2015, le gouverneur de Californie a adopté un décret visant à réduire de 25 % la consommation d'eau sur 9 mois (Lesnes, 2015). Trois ans plus tard, deux lois[64] ont permis d'élaborer un cadre d'utilisation efficace de l'eau par les fournisseurs d'eau : des objectifs annuels d'utilisation de l'eau urbaine et des indicateurs de performances sont maintenant définis. Une norme de consommation d'eau résidentielle au cours du temps est également précisée : elle passe de 208 l par habitant et par jour en 2025 à 199 l en 2030. En 2022, deux règlements d'urgence successifs sur la conservation de l'eau ont été mis en place pour une durée d'un an, notamment afin de diminuer la demande en eau des particuliers et des entreprises. Ces règlements incluent des mesures de restriction : extinction obligatoire des fontaines décoratives, interdiction de nettoyer les trottoirs avec de l'eau et d'arroser les pelouses décoratives dans les zones commerciales ou industrielles... En août 2022, l'État a adopté une stratégie d'approvisionnement en eau visant à s'adapter à un futur plus chaud et plus sec. Le troisième pilier consiste à réduire la demande. Cela

62 – D'après les chiffres présentés par le gouvernement dans le dossier de presse de son plan eau en mars 2023, en considérant une diminution de 10 % de la consommation d'eau potable, conformément au retour d'expérience de la communauté urbaine de Dunkerque.

63 – Selon les projections de la California Natural Resources Agency réalisées en 2022.

64 – Senate Bill 206 et Assembly Bill 1668.

passe notamment par une campagne de sensibilisation auprès des citoyens et des incitations à éliminer les pelouses d'ornement, mais pas encore par la tarification progressive de l'eau.

En Israël, le changement climatique accroît la pression sur la ressource en eau douce, déjà limitée. En effet, les précipitations annuelles pourraient baisser de 25 % et la température augmenter de plus de 4 °C d'ici la fin du siècle. Afin de planifier la réduction de la ressource en eau, le gouvernement a mis en place plusieurs plans successifs. Ces plans allient mesures d'efficacité (réutilisation des eaux usées, usines de dessalinisation de l'eau de mer, irrigation au goutte-à-goutte…) et de sobriété (campagnes de sensibilisation, tarification progressive pour les ménages, diminution des quotas pour l'agriculture…). Ils agissent à la fois sur l'offre (mise en place de quotas par secteur) et sur la demande (signal prix par la tarification progressive, campagnes de sensibilisation). Les plans de gestion de l'eau par Israël semblent porter leurs fruits car la consommation d'eau par habitant est parmi la plus faible de l'OCDE (138 m^3 en 2020 contre 691 en moyenne dans l'OCDE) et 87 % des eaux usées sont réutilisées, principalement pour l'agriculture. De 2000 à 2018, les prélèvements d'eau douce de l'agriculture sont par ailleurs passés de 64 % à 35 % des prélèvements totaux (OCDE, 2022).

La tarification progressive est en outre pratiquée dans les pays qui font face à des enjeux historiques de sécheresse (Portugal, Espagne, Italie, Turquie, Tunisie, Algérie, Maroc…). Elle est beaucoup moins courante dans les pays nordiques, aux Pays-Bas et en Allemagne. L'Espagne et le Portugal ont par exemple un système de tarification similaire, comprenant un abonnement fixe et respectivement trois et quatre tranches de consommation avec des prix croissants (Conseil d'État, 2010).

Annexe 3

Étude de cas : la réduction de la consommation de textile neuf

Diagnostic partagé : justification du besoin de sobriété

L'analyse de l'industrie textile est rendue compliquée par des confusions fréquentes dans les sources et les données disponibles sur le sujet : le terme *textile* peut en effet être employé pour désigner un matériau, des usages, ou le secteur d'activité. S'ajoutent à cela l'éclatement des chaînes de valeurs et la multiplicité des acteurs, qui altèrent encore la lecture des chiffres et des enjeux. Dans la suite de ce document, on essayera de respecter la diversité des notions (précisées en encadré) désignées par le même mot, tout en gardant à l'esprit que l'acception dominante reste le textile à destination de l'habillement usuel.

L'enjeu de sobriété : réduire les consommations pour réduire la demande en ressources

Le secteur du textile est particulièrement demandeur en ressources, à toutes les étapes de la chaîne de valeur. Depuis quelques années, de nombreuses études tentent de quantifier cette demande, et des organisations de la société civile se mobilisent pour dénoncer les impacts grandissants de l'industrie textile sur l'environnement.

Selon une infographie de l'Ademe[65] et la fondation Ellen MacArthur (2017), l'industrie textile consommerait 4 % des ressources en eau potable de la planète.

On peut relever quelques chiffres supplémentaires, en guise d'illustrations. Ainsi, le coton représente la première des matières premières employées dans l'industrie du textile (avec 24,7 millions de tonnes en 2021, soit 25 % des fibres utilisées). Sa production nécessite 2,5 % des terres cultivées et un quart des pesticides utilisés dans le monde (Weebio, 2017).

Textile : de quoi parle-t-on exactement ?

Le textile désigne tout matériau susceptible d'avoir été tissé ou tricoté. Il concerne donc tous les tissus qui se divisent en fibres ou en fils, issus de matières naturelles comme le coton, la soie, le chanvre, le lin, la laine, etc., de matières artificielles comme la cellulose extraite des végétaux ou la viscose fabriquée à partir de cellulose de bois, ou encore de matières synthétiques issues d'hydrocarbures ou d'amidon comme le polyester, l'acrylique, l'élasthanne, etc.

L'industrie du textile se réfère à l'ensemble des activités de fabrication, transformation, production et distribution de ces matériaux textiles. Les tissus produits peuvent avoir différents usages, qui sont regroupés au sein du secteur du textile. On peut citer, entre autres l'habillement (vêtements, accessoires en tissu comme les écharpes, cravates, gants…), l'ameublement (tapis, rideaux, draps, linges de table…) ou la décoration (tentures murales, housses de sièges de voitures…).

L'habillement ne représente donc qu'une partie des usages du textile. Et, inversement, le secteur du textile ne représente qu'une partie du secteur de l'habillement, qui travaille aussi d'autres matières premières comme le cuir. Au sein même des textiles utilisés pour l'habillement, il existe encore des subdivisions selon les caractéristiques techniques du produit (vêtements usuels, vêtements de protection, vêtements de sport, linge médical…), le type de marché visé (prêt-à-porter, sur-mesure, milieu-de-gamme, haute couture, luxe…) et les clients visés (homme, femme, professionnels…)

65 – Dans son infographie « La Mode sans dessus dessous », réalisée en 2023.

Deuxièmement, plus de 60 millions de tonnes de polyester ont été produites en 2021, dont 70 % proviennent du pétrole — soit plus de 70 millions de barils de pétrole[66]. Enfin, on estime que 4 % de l'eau potable disponible est utilisée pour produire nos vêtements. C'est plus de 79 milliards de m^3 d'eau qui auraient été consommés par l'industrie textile en 2015, un volume qui pourrait augmenter de 50 % d'ici à 2030 en gardant le même rythme de progression de la production (Lehmann *et al.*, 2019). D'après l'Ademe[67], certaines étapes du cycle de vie sont particulièrement consommatrices, notamment la production (plus de 70 douches d'eau sont nécessaires à la production d'un t-shirt en coton), mais également l'utilisation (12 % de l'eau consommée chaque année dans les foyers français est attribuée à la machine à laver).

Cette demande en ressources produit un grand nombre d'effets négatifs sur l'environnement et la biodiversité. Une étude du Parlement européen (2019) évalue que le textile est responsable de 2 à 10 % de l'impact environnemental de la consommation européenne. Entre autres, l'industrie textile est responsable de 2 à 8 % des émissions de GES, soit autant que le secteur aérien. D'après l'Ademe, le secteur textile émettra même 26 % des émissions globales de GES en 2050 si les tendances actuelles de consommation se poursuivent. L'industrie textile est également source de pollution des eaux (20 % de la pollution des eaux dans le monde serait imputable à la teinture et au traitement des textiles), des sols et de l'air (les pesticides utilisés dans la culture du coton sont à l'origine du décès de 22 000 personnes chaque année[68]). Enfin, la majorité des textiles usagés sont exportés en Afrique, où ils sont réutilisés localement, ou triés à destination d'un processus de décyclage et recyclage ; cependant la majorité des volumes finissent dans des décharges. À cela s'ajoutent les déchets issus des emballages nécessaires à l'envoi de plus d'un million de colis textile livrés par jour en France (avec au moins autant d'emballages), du fait de l'explosion des ventes en ligne. Bien

66 – Selon l'édition 2022 du rapport annuel *Preferred Fiber & Materials Market Report* de l'ONG Textile Exchange.

67 – *Ibid.*

68 – Source : *Guide de résistance à la fast-fashion,* Zero Waste France, 2021.

qu'encore en phase de construction, le calculateur Ecobalyse, développé par l'Ademe et le ministère de la Transition écologique[69], est un excellent outil pour donner quelques repères en matière de consommation de ressources et d'impacts environnementaux associés, tout au long du cycle de vie du textile. Les données calculées pour ces différents éléments sont agrégées en un score PEF (*Product Environmental Footprint*) selon une méthodologie proposée par le PEFCR (PEF Category Rules) Apparel & Footwear.

Les simulations rapportées dans la figure A.11 permettent de confirmer les intuitions suivantes. Primo, plus de 70 % des demandes en ressources et des impacts environnementaux ont lieu lors de la fabrication (matière et processus industriels). C'est cohérent avec les résultats des études de McKinsey (2022) et de Quantis (2018), cette dernière estimant que 83 % de l'impact carbone d'un produit textile se situe au niveau des étapes de filature, tricotage-tissage, teinture, traitements spéciaux et assemblage. Secundo, cet effet est renforcé par le fait que la plupart des étapes de fabrication ont lieu hors de France et d'Europe, dans des pays où les principaux leviers de réduction d'impact ne sont que très peu mis en œuvre (efficacité, décarbonation, etc.). Par exemple, le charbon compte encore pour la moitié du mix énergétique indien, d'après les chiffres 2022 de l'Agence internationale de l'énergie. Ainsi, la filière française de l'industrie textile estime que notre empreinte carbone résultant de la consommation de textiles importés représente six fois les émissions du transport aérien en France, soit près de 30 $Mt_{éq}$. La fabrication locale (matière et processus industriels) est donc un moyen important pour réduire le score PEF. Tertio, l'utilisation de matière première recyclée est un autre moyen, efficace mais limité, pour réduire la demande en ressources. Il ne permet pas, en effet, de réduire la part importante de la demande liée au processus industriel. Quatro, le seul textile qui n'a pas d'impact en matière de demande de ressources reste donc celui qui n'est pas produit.

69 – Ce système d'information des consommateurs sur l'impact environnemental de chaque vêtement neuf acheté est une obligation inscrite dans les lois AGEC et Climat et Résilience de 2021.

Figure A.11 — Simulations de scores PEF pour différents produits textiles, réalisées à partir du calculateur Ecobalyse

PEF	Jean en coton (600 gr)	T-shirt en polyester (170 gr)	Pull en laine de mouton (500 gr)	Chemise en lin (250 gr) filasse (fibres longues)
Chine : matière première et filature Inde : tricotage et ennoblissement et confection **dont fabrication**	4 825 µPt 91 % (matière et processus industriel)	938 µPt 75 % (matière et processus industriel)	7 969 µPt 97 % (matière en particulier)	1 607 µPt 90 % (matière et processus industriel)
Fabrication française Chine : matière première et filature France : tricotage et ennoblissement et confection	2 948 µPt (-40 %)	640 µPt (-32 %)	7 195 µPt (-10 %)	1 009 µPt (-33 %)
Matière première recyclée* Chine : filature Inde : tricotage et ennoblissement et confection	3 988 µPt (-17 %) *coton recyclé (déchets post-consommation)	888 µPt (-5 %) *polyester recyclé (recyclage chimique complet)	2 596 µPt (-66 %)	/

Note : L'échelle est choisie de manière à ce que 1 Pt soit représentatif de l'impact environnemental annuel d'un habitant européen (1 habitant pour 1 Pt). La valeur absolue n'est pas pertinente en tant que telle, l'intérêt est la comparaison entre produit.

Ce problème peut être partiellement résolu par une amélioration des processus de fabrication : une meilleure efficacité dans les processus industriels, l'augmentation de la part des énergies bas carbone, l'incorporation de matières premières demandant moins de ressources (recyclées, issues de l'agriculture biologique…), etc. Toutefois, il est difficile de peser à court terme sur les obligations incombant aux producteurs étrangers ou de développer un appareil industriel équivalent en France : si on voulait ne plus utiliser que du lin européen pour la production de textile, il faudrait la moitié des terres arables d'Europe[70]). Aussi est-il nécessaire de recourir à des mesures de sobriété, en réduisant la consommation de textile et en particulier de textile neuf importé.

70 – Loom. (2022). *La mode à l'envers.*

Figure A.12 — Classement des types de textile sur une « échelle de sobriété relative »

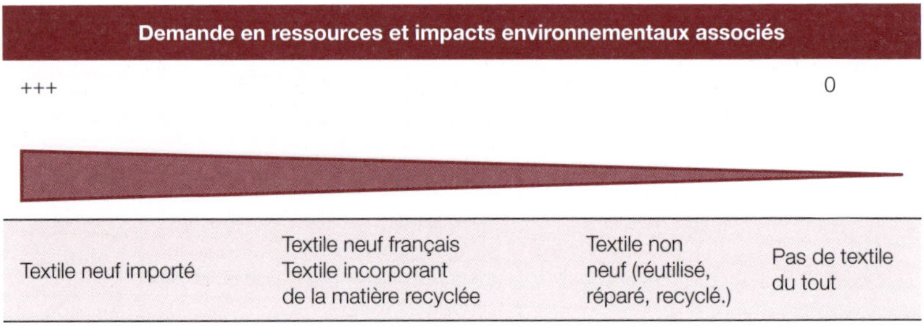

Note : Le classement est réalisé d'après les résultats des simulations de la figure A.11. Il est difficile de classer tous les textiles sur une seule échelle, car leur pression sur les ressources dépend de la matière première utilisée, des lieux de fabrication, de la durée de vie, de la gestion de la fin de vie, etc.

Des marges de manœuvre limitées dans le contexte d'offre et de demande en France

Lorsqu'on ramène la quantité de ressources demandées au nombre de vêtements produits, l'impact unitaire paraît assez minime. Mais c'est en regardant les volumes de textiles produits et consommés chaque année qu'on réalise le potentiel des efforts de sobriété. Il faut toutefois comprendre ce qui caractérise l'offre et la demande en France.

L'offre de textile neuf en France est principalement importée

En France, nous ne produisons que 2,5 % du textile que nous consommons en volume, et 5 % en valeur (Labaye, 2018). Entre 1990 et 2015, selon l'Insee, l'industrie textile française a perdu 70 % de ses effectifs et plus de la moitié de sa production, du fait d'une délocalisation massive des activités de fabrication vers des pays à plus faible coût de main-d'œuvre. L'abrogation par l'OMC en 2005 des Accords multifibres (AMF) – système de quotas mis en place en 1974 par plusieurs pays, dont la France et les États-Unis, afin de limiter le volume des importations de textiles en provenance de l'étranger – a contribué à accélérer ce mouvement.

Certains maillons de l'industrie textile restent présents sur le sol français, comme la production de fibres de lin dans le nord de la France, mais la perte des infrastructures, des compétences et de la maîtrise du reste de la chaîne de valeur oblige souvent les producteurs à envoyer leurs matières premières vers des pays où elles pourront être transformées. On trouve également un certain nombre de groupes textiles français spécialisés dans le luxe ou dans la production de textiles à forte valeur ajoutée (comme les textiles techniques utilisés dans l'aéronautique et l'automobile). Néanmoins, l'industrie textile française est désormais majoritairement composée de donneurs d'ordre vers des sous-traitants étrangers. La filière mode et luxe représente 154 milliards d'euros de chiffre d'affaires (1,7 % du PIB français) et 600 000 emplois, dont 60 % sont des métiers de distribution (Delpal, 2018).

C'est le même constat dans le reste de l'Union européenne. Si certains pays européens ont maintenu une industrie textile plus importante qu'en France (Italie, Belgique, etc.), 87 % de l'offre de textile neuf en Europe est importée, majoritairement des pays asiatiques (Chine, Bangladesh, Inde, Pakistan, Vietnam) qui maîtrisent l'ensemble des phases amonts de la filière (production de fibre, filature, tissage et tricotage, ennoblissement)[71]. La production de textile dans ces pays a bondi ces dernières années, en grande partie du fait de l'essor de la *fast fashion*, secteur de l'industrie textile qui se caractérise par un rythme de production très rapide et à bas coût. La production de vêtements a doublé dans le monde entre 2000 et 2014[72] et, si ce rythme perdure, elle pourrait tripler d'ici 2050 d'après la fondation Ellen MacArthur (2017). Une nouvelle génération de détaillants est en train d'émerger, celle de l'*ultra fast fashion*, qui se passe désormais de points de ventes physiques et prospère sur la croissance des ventes en ligne et sur un marketing d'influence sur les réseaux sociaux. L'entreprise chinoise Shein en est l'une des meilleures illustrations.

71 – Source : chiffres clés de l'industrie du textile et de l'habillement de 2022, publiés par Euratex.

72 – Source : données 2018 du Conseil économique et social des Nations Unies (UNECE).

En réponse à ces tendances, de petits acteurs (artisans, stylistes, etc.) s'inscrivant dans une démarche plus responsable ont vu le jour ces dernières années en France et en Europe. On assiste à l'essor d'une offre de textile qui cherche à être plus sobre par le choix des matières utilisées (issues de l'agriculture biologique, de la récupération, du recyclage, etc.) ou par la diminution des demandes en ressources dans les procédés de fabrication (fabrication française, production à la demande pour éviter les invendus et les stocks, garantie de réparabilité, emballages réutilisables, etc.). Toutefois, cette offre reste encore très limitée (le chiffre d'affaires de la marque Patagonia, créée en 1973 et considérée comme la plus grande des marques engagées, est de 1 milliard de dollars par an alors que celui de la marque Shein, créée en 2008, dépasse désormais les 10 milliards de dollars par an).

La demande de textile ne cesse d'augmenter en France

En France, la consommation de textile a doublé en 30 ans (Oxfam, 2022). Désormais, chaque Français achète, en moyenne, 9,2 kg de textiles et de chaussures par an. La mode est le deuxième marché de consommation en France, chaque ménage dépensant 430 euros en vêtements par an en moyenne[73]. Le raisonnement « en moyenne » peut toutefois être trompeur car les consommations de textile sont intimement liées à des marqueurs sociaux. Les vêtements et les lieux où nous décidons de les acheter sont une question d'image, de symbole, et de statut social (Wera, 2018). Par exemple, les classes sociales les plus défavorisées ne sont pas forcément celles qui consomment le plus de textile de seconde main, malgré l'avantage économique que cela représente. L'achat de seconde main peut être vu comme enfermant dans l'appartenance à une classe sociale pauvre, ou encore comme une prise de risque trop importante par l'allocation d'un budget restreint à un produit dont la qualité n'est pas maîtrisée (*Ibid.*).

73 – Source : chiffres clés de l'industrie du textile et de l'habillement de 2022, publiés par Euratex.

Si les évolutions des comportements d'achat sont très disparates selon les classes sociales et les catégories d'âge, le facteur commun reste que la durée d'usage des textiles a fortement diminué : plus de la moitié des vêtements de la *fast fashion* sont jetés au bout d'un an, leur nombre d'utilisations a baissé d'un tiers et la durée de première vie moyenne a diminué de 50 % en 15 ans (Remy, Speelman et Swartz, 2016). Cela tient notamment au prix des textiles, qui font qu'ils sont désormais perçus comme une commodité jetable (on achète plus de vêtements que de boîtes de 6 œufs en France) : un produit vendu par les marques Shein, Zara ou H&M ne coûte que 13,40 euros en moyenne, un prix qui n'internalise pas les coûts sociaux et environnementaux. Il est plus difficile d'établir un lien entre durée de vie et qualité des textiles produits. La surconsommation de textile n'est pas liée, ou à la marge, à sa qualité : le polyester est une fibre plastique beaucoup plus résistante que le coton, toutefois il est vrai que les produits de la fast fashion sont souvent peu robustes, du fait des finitions peu solides, ce qui affaiblit la résistance globale des vêtements dans le temps.

La baisse des prix, couplée à la multiplication des canaux de distribution et à l'augmentation du nombre de collections et de références, sont autant de facteurs qui créent le désir d'achat chez le consommateur. Les ventes en ligne représentaient ainsi 21 % du marché de l'habillement et du textile en 2021 en France. Et l'on est passé de deux collections par an en 2000 à vingt-quatre collections dans certains magasins, voire des centaines de nouveaux modèles chaque jour sur des plateformes en ligne comme Shein, d'après une étude de l'Ademe (2022b).

Ensuite, les marques exploitent l'ensemble des biais cognitifs qui incitent à passer à l'acte d'achat en développant des pratiques commerciales de plus en plus agressives : soldes (en France, en 2022, 50 % des vêtements ont été vendus en soldes[74]), stratégies de promotions créant un sentiment d'urgence (ventes privées, etc.), gonflement artificiel des prix, algorithmes de ciblage, etc.

74 – Source : Institut français de la mode et du design.

Les filières de textile non neufs ne suffisent pas à proposer des alternatives à la consommation de textile neuf en France

Une filière REP (responsabilité élargie du producteur) a été mise en place en 2008 en France pour les textiles. Les entreprises qui mettent des textiles sur le marché doivent donc payer une écocontribution pour financer la gestion de la fin de vie des produits. Les opérateurs de collecte et de tri ont ensuite l'obligation de déclarer les volumes de textile en fin de vie qui transitent par leurs services, ainsi que leur devenir. D'après le rapport d'activité 2021 de Refashion, l'éco-organisme en charge de la collecte des écocontributions auprès des fabricants, des importateurs, des distributeurs et des ventes en ligne, plus de 35 % des vêtements mis en vente en France sont jetés chaque année. En 2021, ce sont 244 448 tonnes de pièces textiles qui ont été collectées, soit l'équivalent de 3,6 kg par habitant en France. Ces chiffres n'incluent pas les textiles non utilisés qui restent dans les placards, estimés à plus de 70 %.

Ce gigantesque gisement est utilisé pour alimenter une offre de textiles non neufs (réparés, réutilisés, recyclés), qui constitue une bonne alternative à la consommation de textile neuf. Le marché de la seconde main a d'ailleurs connu une croissance accélérée ces dernières années, avec l'essor de plateformes comme Vinted, devenu le troisième site de vente en ligne en France. Le marché mondial de la seconde main pourrait même peser en 2028 plus lourd en dépenses que celui de la *fast fashion*, leurs croissances respectives annuelles étant prévues à 13 % et 9 %, selon un rapport de la plateforme de revente en ligne ThredUp (2019).

Toutefois, de nombreux obstacles persistent avant de tirer parti de ce gisement de sobriété. Parmi eux, les obstacles économiques sont un des premiers freins au développement de filières de textile non neuf. C'est notamment le cas pour la filière de la réparation : bien que l'immense majorité des produits textiles soit réparable, et qu'on trouve un grand nombre d'artisans français pratiquant la retouche-couture, le coût de réparation d'un vêtement reste souvent supérieur au prix d'achat du neuf ou à son prix de revente potentiel, limitant donc la possibilité de développer une filière économiquement intéressante.

En outre, les technologies de recyclage ne permettent pas, pour l'instant, de produire des fibres de même qualité que les fibres neuves. Les fibres sont plus courtes et il est nécessaire de les combiner avec des fibres vierges pour arriver à des vêtements aux standards de qualité du marché. Le recyclage se traduit donc souvent par la fabrication de textile de moindre valeur : un tiers des déchets textiles collectés sont recyclés sous forme de chiffons d'essuyage (environ 10 %) ou à destination de l'effilochage (environ 20 %). En parallèle, le coût du recyclage augmente encore si les textiles usagés comprennent plusieurs matières ou des éléments de confection comme des strass, boutonnières, fermetures éclair, etc. Le recyclage reste ainsi très limité aujourd'hui : les matières textiles recyclées ne représentent qu'1 % des matières utilisées dans la production des vêtements, selon la fondation Ellen MacArthur (2017).

Le manque d'objectifs, d'incitations et de vision long terme n'aide pas à la structuration de filières françaises de textile non neuf, qui sont confrontées à des obstacles structurels. En France, 80 % des textiles collectés, une fois triés, sont exportés dans des pays tiers pour être réutilisés ou recyclés[75]. La quantité de textiles usagés exportés par l'Union européenne vers l'Afrique et l'Asie a triplé au cours des deux dernières décennies[76]. L'exportation des textiles usagés n'est pas limitée légalement, ce qui n'incite pas à pérenniser des infrastructures et des débouchés en Europe. De plus, les acteurs de la seconde main restent principalement dépendants de l'ESS (économie sociale et solidaire) dont le système présente des limites en matière de rentabilité et de gestion des compétences sur du long terme.

Finalement, la substituabilité entre les consommations de textile neuf et non neuf est encore limitée par un certain nombre d'obstacles. Dans le

75 – Source : ministère de la Transition écologique et de la Cohésion des territoires (2022).

76 – Selon les chiffres publiés par l'Union des industries textiles pour les années 2020 et 2021.

cas de la seconde main, d'importants effets-rebonds sont observés du fait d'une déculpabilisation des achats, couplée à un effet-prix : la remise au marché de produits à bas coûts mêlée à la simplicité d'achat incite les consommateurs à acheter davantage de produits qu'ils ne l'auraient fait s'ils avaient été neufs.

Certains effets pervers sont également entretenus par les marques elles-mêmes, qui utilisent des pratiques de type greenwashing pour vendre toujours plus de textile neuf. Par exemple, H&M et Zalando proposent à leurs clients la reprise de leurs articles d'occasion, leur donnant ainsi la sensation de faire une bonne action pour l'environnement, en échange d'un bon d'achat valable sur les produits neufs. Par ailleurs, les systèmes de location qui se heurtent à un besoin de propriété ne fonctionnent que pour des segments textiles très particuliers (équipements sportifs, vêtements de soirée, mariage, etc.), qui ne se substituent pas aux volumes de textile neuf consommés.

Le principal blocage : réorienter les modes de consommation de neuf importé vers du neuf français et du non neuf

Afin de comprendre le principal défi auquel se heurte une politique publique de sobriété dans le domaine du textile, on peut imaginer trois scénarios fictifs (voir figure A.13), qui visent tous trois un objectif de réduction de 30 % de la consommation de textile neuf en France.

Figure A.13 — Scénarios possibles pour réduire de 30 % de la consommation de textile neuf

Scénarios		Consommation de textile neuf	Consommation de textile non neuf
A	Réduction absolue de la consommation de textile neuf	**- 30 %**	-/+
B	Réduction ciblée de la consommation de textile neuf importé	**- 30 %**	-/+
C	Substitution de la consommation de textile neuf importé par de la consommation de textile neuf français et non neuf	**- 30 %**	+++

Selon le scénario envisagé, les conséquences peuvent être particulièrement négatives (scénario A) ou très positives (scénario C) pour l'industrie textile française. Il y a donc un véritable enjeu économique à accompagner l'évolution de l'offre, afin que les industriels du textile français ressortent gagnants d'un effort national de sobriété. En outre, s'il paraît compliqué d'actionner drastiquement le seul levier de l'offre (les restrictions sont compliquées à envisager dans une économie de marché), le levier de la demande présente un challenge important en matière d'évolution des normes sociales : est-on prêt à moins consommer de textile tout court (A et B) ? à consommer plus de textiles français et non neuf (C) ? Enfin, réduire la consommation de textile neuf importé au profit de la consommation de textile neuf français ou non neuf (C) demande une capacité à cibler les offres et à assurer leur substituabilité sur du long terme, pour éviter de ne faire qu'augmenter l'offre globale.

Figure A.14 — Les défis de mise en œuvre de la réduction de la consommation de textile neuf

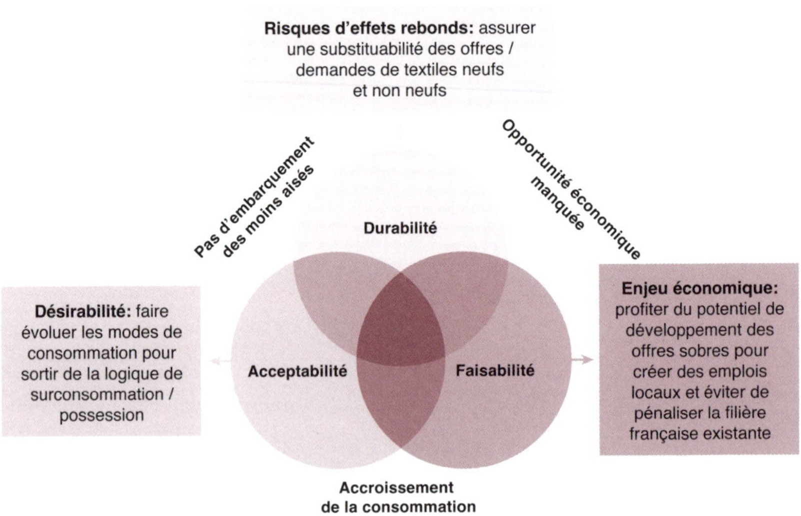

Nœud principal : accompagner la réorientation des modes de consommation de textile, du neuf importé vers du non-neuf

Les défis pour l'action publique

Faisabilité

Figure A.15 — Piliers et défis de la faisabilité

Sous-piliers	Défis
Compétitivité	• L'industrie de production de textile en France est restreinte, mais il reste tout de même un risque de faire peser le poids de nouvelles réglementations ou de mesures trop contraignantes en matière d'offre sur les PME et les TPE productrices, qui n'ont pas forcément les compétences et les moyens pour les déchiffrer et les mettre en œuvre. • Les impacts en termes de compétitivité concernent aussi les marques de distribution françaises, particulièrement fragilisées par la succession des crises. Les décisions judiciaires s'accumulent pour les enseignes de mode moyenne gamme et accessibles : Kookaï, Cop. Copine, Pimkie, Camaïeu, Gap France, San Marina, etc. **→ Il importe d'accompagner l'industrie textile française actuelle, qui risque sinon d'être la véritable perdante de la sobriété (par exemple, la liquidation de Camaïeu en 2022 a entraîné la suppression de 2600 emplois et la fermeture de plus de 500 magasins).**
Impact sur l'emploi	La réorientation des consommations vers du textile français et non neuf présente une réelle opportunité pour développer les filières de textile « sobres », actuellement peu existantes en France, participant ainsi à la création d'emplois locaux. Le réemploi, le tri, le recyclage des déchets textile créent 10 fois plus d'emplois que leur mise en décharge (source : Comité de filière Mode et Luxe, 2020). **→ Saisir cette opportunité pour qu'elle bénéficie d'abord à l'industrie française.**
Enjeu économique	Développer les offres de textile non neuf qui restent encore peu rentables, ou difficile à passer à l'échelle, nécessite de réinventer les modèles économiques : plus d'économie de la fonctionnalité, nouvelles activités et compétences (tri, réparation,…), etc. **→ Accompagner la montée en puissance de ces nouveaux modèles économiques.**
Besoins techniques	Quelques dispositifs existent pour soutenir le développement des filières et des infrastructures sobres : • les contributions payées par les producteurs à Refashion sont modulées avec des bonus en fonction des performances environnementales des produits qu'ils mettent sur le marché (label environnemental, incorporation de matières recyclées, durabilité) ; • un fond réemploi par la filière REP (100 millions d'euros sur 6 ans) pour aider les acteurs qui donnent une deuxième vie au textile (Marcangelo, 2022) ; • le dispositif de France relance soutient 780 projets de relocalisation et de développement dans le secteur du textile (Petit Bateau, Saint-James, etc.) ; **→ Amplifier les moyens disponibles.** Afin de cibler spécifiquement les offres « sobres », il est nécessaire de développer des indicateurs et des outils spécifiques. Cela nécessite : • la définition des critères : est-ce que le synthétique est meilleur que le non synthétique ? Comment faire pour ne pas pénaliser les offres de textiles neufs importés qui sont néanmoins bonnes ? ; • s'assurer de la compréhension de ces indicateurs par les entreprises et par les consommateurs ; • mettre en place des moyens de contrôle et de suivi des indicateurs. **→ Développer des indicateurs qui puissent répondre à ces enjeux.**

Acceptabilité

Figure A.16 — Piliers et défis de l'acceptabilité

Sous-piliers	Défis
Équité	L'effort doit être réparti équitablement au niveau de l'offre et au niveau de la demande : il faut à la fois réussir à embarquer les industriels du luxe dans l'investissement et le développement des offres alternatives, et réussir à toucher les populations les moins aisées en rendant les offres « sobres » accessibles, comme les populations les plus aisées. → **Fédérer l'ensemble des acteurs pour répartir au mieux les efforts et les retombées économiques de la sobriété.**
Désirabilité	L'impact sur les modes de vie ne devrait pas être trop drastique car, dans les faits, nous n'utilisons que 20 % de nos vêtements, 80 % du temps. Réduire les consommations ne devrait donc pas entraîner de perte de confort, mais simplement des changements d'habitude de consommation et de pratique : moins laver ses vêtements pour économiser de l'eau, apprendre la couture pour être capable de réparer, transformer les textiles usagés, etc. → **Participer à la sensibilisation et à la formation autour de ces pratiques.** Au-delà de la question des ressources, les co-bénéfices de la mise en œuvre des trois scénarios sont donc nombreux : • réduction des impacts environnementaux associés ; • réduction des impacts éthiques et sociaux notamment du point de vue des conditions de travail dans les pays producteurs de fast fashion : au Bangladesh, les ouvriers de l'industrie de la mode sont payés 83 euros par mois en moyenne, alors que le salaire minimum vital est estimé à 497 euros d'après les chiffres publiés par l'ONG ActionAid en 2022 ; • réduction des dépenses en textile permettant alors une réallocation pour d'autres usages. → **Donner de la valeur à ces impacts, car en restant peu visibles, ou peu internalisés dans les prix, il reste difficile d'inciter à des comportements de consommation plus sobres.**

Durabilité

Figure A.17 — Piliers et défis de la durabilité

Sous-piliers	Défis
Vision transversale et de long terme	Une vision transversale de la filière textile en France, qui fixe des objectifs de long terme et des moyens, et qui structure le système d'acteurs pour développer les canaux d'une consommation plus sobre est nécessaire. → **L'enjeu est de proposer un cadre qui permette aux acteurs de la filière textile de construire une vision transversale et de long terme.**
Besoin de cohérence	→ **Trouver les moyens pour réduire fortement les incitations à consommer.**
Risques d'effets rebonds	→ **Prendre en compte le risque d'effets-rebonds dès la conception des offres « sobres ».**

Recommandations spécifiques pour l'action publique

En l'absence d'intervention de l'action publique, il est difficile d'imaginer une réorientation spontanée des comportements vers des modes de consommation plus sobres. L'action publique peut emprunter des formes très variées et doit surtout combiner des leviers ciblant simultanément l'offre et la demande. Nous avons fait le choix de nous concentrer ici sur une analyse approfondie de deux mesures qui nous paraissent pertinentes pour aider à atteindre un objectif de sobriété.

Recommandation 1 : intégrer des critères participant à l'objectif de sobriété dans l'affichage environnemental

Le cadre juridique français prépare, depuis quelques années, la mise en place prochaine de l'affichage environnemental dans le secteur du textile. L'article 90 de la loi de transition énergétique pour la croissance verte (2015) vise à encadrer les allégations environnementales et à lutter contre l'écoblanchiment et instaure ainsi une exigence de transparence, mais qui reste volontaire et non obligatoire. En plus d'interdire l'usage abusif d'un certain nombre d'allégations environnementales dans le secteur textile (par exemple la mention « respectueux de l'environnement », pouvant prêter à confusion), l'article 13 de la loi AGEC de 2020 (Anti-gaspillage et économie circulaire) oblige les entreprises — réalisant plus de 50 millions d'euros de chiffres d'affaires et mettant en marché plus de 25 000 unités sur l'année — à informer le consommateur des « qualités et caractéristiques environnementales » de leurs produits, depuis le 1er janvier 2023. Cette obligation sera étendue aux entreprises de taille intermédiaire en 2024 et à toutes les structures en 2025. Ces informations doivent être accessibles lors de la vente, sur une étiquette ou de façon dématérialisée (information en ligne).

L'article 2 de la loi Climat et Résilience renforce la loi AGEC en prévoyant la définition d'une méthodologie d'affichage environnemental. Plusieurs expérimentations et propositions de méthodologie sont à l'étude. Les rapports des porteurs de projets sont en cours d'étude auprès de l'Ademe et du ministère de la Transition écologique et de la Cohésion des territoires. La parution d'un décret d'application rendra alors l'affichage environnemental obligatoire.

Nous proposons d'utiliser le décret d'application de l'affichage environnemental dans le secteur du textile afin d'améliorer la prise en compte de la sobriété comme levier essentiel pour l'évolution des modes de consommation. La mise à disposition d'informations sur l'impact environnemental d'un achat est, en effet, un élément important pour orienter la demande vers le panier le moins demandeur en ressources, et pousser l'offre à améliorer ses performances en la matière. Devant la prolifération des indicateurs et des labels, qui nuisent parfois à la lisibilité de l'information et favorisent les pratiques abusives de greenwashing (l'Ademe ne recense pas moins de dix labels « de confiance » pour le seul secteur de l'habillement), les dispositifs d'affichage environnemental proposant un indicateur commun et agrégé sont des leviers dotés d'un réel potentiel.

Il y a un enjeu important sur la méthode retenue, car elle détermine les critères qui vont distinguer un « bon » d'un « mauvais » produit. Certains critères énoncés dans la loi AGEC (souvent proposés comme facultatifs dans plusieurs des expérimentations étudiées), participent directement à orienter les comportements vers des offres moins demandeuses en ressources : indication géographique pour les étapes du tissage, tricotage, teinte, impression et confection, part de matériaux recyclés, etc. Cependant, les effets de ces critères se limitent à encourager le passage d'une consommation de textile neuf importé vers une offre de textile neuf français ou éco-conçu. Ils ne couvrent pas l'objectif de sobriété, à savoir réduire la consommation de textile neuf.

Nous proposons donc d'intégrer des critères de sobriété à la méthodologie retenue par le ministère de la Transition écologique. Le collectif En Mode Climat propose par exemple de travailler sur deux critères : la réparabilité et la durabilité émotionnelle.

Selon l'Ademe, il existe un seuil psychologique de prix en dessous duquel le consommateur préfère racheter un vêtement neuf que le faire réparer : le prix de la réparation doit être inférieur à un tiers du prix du vêtement neuf. Prendre en compte la réparabilité comme critère dans la méthodologie de l'affichage environnemental reviendrait à noter moins favorablement un textile qui ne serait pas réparable et dont le prix neuf serait inférieur au triple du prix de sa réparation. Ce critère devra permettre de rappeler au consommateur qu'un vêtement est susceptible d'être réparé et d'inciter le consommateur à préférer la réparation au rachat de neuf en pénalisant les vêtements vendus à des prix dérisoires.

En outre, la première raison pour laquelle nous ne portons plus nos vêtements est la lassitude, alimentée par les pratiques commerciales de la fast fashion. Prendre en compte la durabilité émotionnelle comme critère dans la méthodologie d'affichage environnemental reviendrait donc à pénaliser les produits issus des marques mettant en œuvre des pratiques d'incitations à la consommation.

D'après les annonces de la ministre de la Transition écologique en mars 2023, les pratiques de la fast fashion pourraient faire partie des critères pris en compte dans le score. Il est donc nécessaire de continuer à appuyer le travail sur de tels critères, qui pourraient par la suite influencer d'autres législations à venir aux niveaux français et européen.

Recommandation 2 : dispositif fiscal

Nous proposons de faire évoluer le cadre actuel du code général des impôts qui fixe les règles concernant le crédit d'impôt accordé aux entreprises industrielles en fonction de leurs dépenses de recherche (CIR)[77]. Le crédit d'impôt collection (CIC) est une forme particulière du CIR s'adressant aux entreprises industrielles des secteurs du cuir, textile, habillement qui élaborent de nouvelles collections.

---

77 – Code général des impôts, article 244 quater B.

Pour en bénéficier, les entreprises doivent procéder à l'élaboration de nouvelles collections, à savoir engager des travaux liés à la mise au point d'une gamme nouvelle de produits qui, conformément aux pratiques commerciales du secteur, doit être renouvelée à intervalles réguliers. Les dépenses liées à ces travaux (salaires et charges sociales des stylistes, ingénieurs et techniciens chargés de la conception et la production de prototypes, dotations aux amortissements des immobilisations affectées à la conception et la production de prototypes, frais de dépôts et de défense des dessins et modèles, autres), sont remboursées à hauteur de 30 %, voire de 50 % si c'est la première fois que l'entreprise bénéficie du dispositif ou qu'elle n'en a pas bénéficié depuis cinq ans.

L'enjeu du CIC est qu'il est un des seuls supports à l'innovation accessible aux TPE et aux PME du secteur du cuir, du textile et de l'habillement. Bien qu'un plafonnement spécifique soit prévu, et que la mesure ne concerne que les renouvellements de gamme qui interviennent dans un cadre de périodicité régulière et connue à l'avance, le signal est mauvais. Le dispositif de CIC devait prendre fin le 31 décembre 2022, mais il a été prolongé jusqu'à fin 2024 dans la première partie du projet de loi de finances (PLF) 2023.

Notre recommandation est donc de faire évoluer le CIC, qui envoie en l'état un signal contradictoire avec l'objectif de sobriété, pour en faire à partir de 2024 un dispositif fiscal permettant de développer des offres textiles plus sobres. On peut imaginer des supports financiers qui soient conditionnés à des critères comme un nombre réduit de collections et de références, une faible utilisation des pratiques commerciales incitant à la consommation, le développement d'un système de réparation, etc.

Annexe 4

Liste des entretiens réalisés

Entretiens réalisés dans le cadre du propos principal

Liste des entretiens réalisés

- Paul Bonnetblanc, chef de projet efficacité énergétique, Direction générale de l'énergie et du climat (DGEC)
- Mathieu Charpentier, conseiller sport professionnel, économie du sport, esport, transition digitale et écologique, ministère des Sports et des Jeux Olympiques et Paralympiques
- Isabelle Couprie, adjointe à la cheffe du département Dialogue environnemental et Participation des acteurs, Commissariat général au développement durable (CGDD)
- Vincent Hulin, directeur du programme, SGPE
- Frédérik Jobert, directeur de programme, SGPE
- Simon Karleskind, conseiller territorialisation, ministère de la Transition écologique et de la Cohésion des territoires
- Guillaume Lanier, chargé de mission énergie, environnement, industrie, agriculture, risques majeurs, forêt, pêche, Secrétariat général du gouvernement
- Emmanuelle Maire, cheffe d'unité économie circulaire, production et consommation, direction générale de l'environnement de la Commission européenne
- Emma Pianetti, chargée de mission, Commissariat général au développement durable (CGDD)
- Lohengrine Schülz, directrice de programme, SGPE

Autres acteurs publics

- Guillaume Bastide, ingénieur environnement, Ademe
- Valentin Devriès, conseiller sobriété, Ademe
- Pierre Galio, chef du service consommation durable, Ademe
- Hélène Garner, cirectrice de département, Mathilde Viennot, cheffe de projet et Johanna Barasz, cheffe de projet, France Stratégie
- Corinne le Quéré, présidente, Haut conseil pour le climat (HCC)
- Quentin Perrier, responsable des études, Audrey Berry, chargée de mission, et David Caubel, chargé de mission, Haut conseil pour le climat (HCC)
- Bianka Shoai-Tehrani, experte en études économiques, RTE

Collectivités

- Gaspard Perreau-Saussine, chargé de mission transition énergétique, et Damien Baleux, chef du service énergie, mairie de Lille
- Pierre Leroy, président, et Daphné Khalifa, directrice, Pôle d'équilibre territorial et rural du grand Briançonnais

Acteurs académiques et experts

- Didier Blanchet, économiste, Institut Polytechnique de Paris
- Thomas le Gallic, chercheur, Centre international de recherche sur l'environnement et le développement (Cired)
- Christian Gollier, économiste, Toulouse School of Economics
- Mathias Guérineau, chercheur, Université de Nantes
- Valérie Guillard, chercheuse, Université Paris Dauphine
- Andreas Rudinger, chercheur, Institut du développement durable et des relations internationales (Iddri)
- Mathieu Saujot, chercheur, Institut du développement durable et des relations internationales (Iddri)

Acteurs privés

- Philippe Bihouix, directeur général, Agence d'architecture pluridisciplinaire (Arep)
- Cédric Dugast, consultant, Carbone 4

Associations

- Jean-Noël Geist, responsable affaires publiques et Nicolas Raillard, directeur de projet, The Shift project
- Jean-Marc Jancovici, président, The Shift Project
- Hervé Kempf, rédacteur en chef, Reporterre
- Benoit Lebot, co-fondateur, négaWatt
- Nicolas Macé, chargé de transition énergétique, Greenpeace
- Barbara Nicoloso, présidente, Virage Énergie
- Edouard Toulouse, consultant, négaWatt

Entretiens réalisés dans le cadre de l'étude de cas sur l'automobile

Administrations et institutions européennes

- Frédérik Jobert, directeur de programme, SGPE
- Amine Didioui, directeur de projet automobile, Direction générale des entreprises (DGE)
- Thomas Zuelgaray, chef du bureau verdissement des véhicules et de l'immatriculation, Direction générale de l'énergie et du climat (DGEC)

Autres acteurs publics

- Bertrand-Olivier Ducreux, ingénieur au sein du service transport et mobilité, Ademe
- Laurent Jardinier, chargé de mission recherche, innovation, Europe, Centre d'études et d'expertise sur les risques, la mobilité et l'aménagement (Cerema)

Acteurs académiques/Experts

- Jean-Philippe Hermine, coordinateur de l'initiative mobilité en transition, Institut du développement durable et des relations internationales (Iddri)

Acteurs privés et représentants de la filière

- Romain Campillo, manager des affaires industrielles, Plastic Omnium
- Jean Coldefy, président, Union routière de France
- Marc Mortureux, directeur général, Plateforme française de l'automobile (PFA)

Entretiens réalisés dans le cadre de l'étude de cas sur l'eau

Administrations et institutions européennes

- Frédéric Veau, délégué interministériel en charge du suivi des conclusions du Varenne agricole de l'eau et de l'adaptation au changement climatique
- Inès Moualil, chargée de mission Politique nationale de l'eau, Direction de l'eau et de la biodiversité

Collectivités

- Fabrice Mazouni, directeur général, Syndicat de l'eau du dunkerquois

Autres acteurs publics

- Sandrine Robert, cheffe du service performance des ouvrages et redevances, Agence de l'eau Seine-Normandie
- Christophe Leblanc, directeur général adjoint, Agence de l'eau Rhin Meuse

Acteurs académiques/Experts

- Bernard Barraqué, chercheur, Agroparistech

Acteurs privés et représentants de la filière

- Xavier Piccino, directeur général adjoint Eau France Est, SAUR
- Willy Fortunato, directeur général délégué, UVGERMI

Entretiens réalisés dans le cadre de l'étude de cas sur le textile

Administrations et institutions européennes

- Astrid Even, directrice de projet Mode Luxe & Biens de consommation France, Lacoeuilhe, cheffe de projet Mode & Luxe, Direction générale des entreprises (DGE)
- Hélène Héron, cheffe du bureau des produits industriels, Direction générale de la concurrence, de la consommation et de la répression des fraudes (DGCCRF)

Acteurs privés et représentants de la filière

- Adeline Dargent, déléguée générale, Syndicat de Paris de la mode féminine, Fédération de l'habillement
- Sophie Frachon, responsable développement durable et RSE, Union des industries textiles (UIT)
- Frédérique Gerardin, déléguée permanente, comité stratégique de filière Mode & Luxe
- Elise Desrues, adjointe à la directrice générale, DEFI
- Martin Meunier, fondateur, Valet de Pique
- Clara Savelli et Sofiane Bouhali, fondateurs, Azala
- Frédéric Mermet, directeur stratégie et innovation filières, Chanel
- Guillaume Declair, co-fondateur de Loom, entreprise membre du collectif, Collectif En mode climat